Jour après jour
et
Un si bel automne

Les photos de scène sont signées *André Le Coz.*

Maquette de la couverture: Jacques Léveillé

ISBN 2-7609-0122-X

© Copyright Ottawa 1983 par Les Éditions Leméac Inc.
Dépôt légal — Bibliothèque nationale du Québec
4e trimestre 1983

Imprimé au Canada

Françoise Loranger

Jour après jour
et
Un si bel automne

Leméac

NOTE DE L'AUTEUR

«Jour après jour» a été créé à Radio-Canada le 18 mars 1958. Intercalé entre un texte d'André Laurendeau et un texte de Marcel Dubé, «Jour après Jour» faisait partie d'un téléthéâtre intitulé «Une maison dans la ville», sorte de triptyque où l'on assistait à la dégradation d'une maison à trente ans d'intervalle chaque fois. L'action se passe au cours de la crise économique de 1930.

«Un si bel automne» a été terminé à la fin de juillet 71 et attend, pour sortir de ces pages, la bonne volonté de Radio-Canada ou d'un cinéaste intéressé. Comme toujours et quoi qu'on dise, ce ne sont pas les auteurs qui manquent, ni les œuvres, mais les producteurs. «Un si bel automne» se déroule au cours de la crise politique d'octobre 1970.

La publication simultanée de ces deux textes est un pur effet du hasard.

à Gérard Robert,
qui a cru à ce texte,
dont tout le monde
se méfiait.

JOUR APRÈS JOUR

PERSONNAGES

BERTHE
BLANCHE
JANINE
LUCIENNE
GEORGES

DÉCOR

Montréal 1930.
LE SALON ET LE HALL : Les meubles et accessoires sont bourgeois. Chesterfield et deux fauteuils. Un piano droit. À gauche de la porte d'arche qui donne sur le hall, une table à cartes et trois petits fauteuils. À droite, un appareil de radio de l'époque, avec fauteuil et lampe. À côté de la table à cartes, une lampe de bridge. Au début, seules ces deux lampes sont allumées et tout le reste du salon est dans l'obscurité. LE HALL : Éclairé par un plafonnier plutôt laid que beau. Près de la porte d'entrée, une patère et un porte-parapluie. Un peu plus loin, faisant face à la porte d'arche, la table du téléphone. Au mur, des reproductions quelconques et démodées. Que le tout donne l'impression d'un milieu bourgeois médiocre, fermé et sans envergure.

(Thème musical : The man I love.)

(Première image: la porte d'entrée vue de l'extérieur. C'est le soir et il neige. Vue du salon dont la plus grande partie est dans l'obscurité. La caméra nous amène vers le coin famille près de la porte d'arche. Assises face à face, Janine et Lucienne jouent au rami. Elles y apportent une grande concentration. Janine tourne les cartes avec un air bourru et irrité, en fumant continuellement par petites bouffées. Avant d'éteindre une cigarette, elle en allume une autre à même le mégot de la première. Lucienne, qui gagne, a un visage plein de triomphante expectative. Elle joue fébrilement avec des petits gloussements. Il y a déjà plusieurs séries étalées devant elle. Elle continuera à les étendre avec des gestes précis, rapides, et un sourire plein de satisfaction agaçante. Elles ne se regardent pas, mais se lancent des œillades, furibondes de la part de Janine, sarcastiques de la part de Lucienne.)

(Berthe, assise sur le bord de son fauteuil devant l'appareil de radio, tourne les manettes à chaque instant, enlève ses lunettes pour écouter, les remet et essaie presque aussitôt un autre poste sans se préoccuper de ses filles. Blanche, les mains derrière le dos, fait les cent pas dans le hall. On la voit aller et venir. Elle ne regarde jamais vers le salon. Bien établir l'atmosphère afin de créer l'impression qu'il s'agit d'une soirée habituelle, normale. *Le thème reste en sourdine derrière les voix et les bruits émis par la radio dans l'ordre suivant:)*

ANNONCEUR

(On entend sa voix, au milieu de toutes sortes d'interférences, tantôt forte, tantôt basse suivant les manettes employées à tort et à travers par Berthe)

...que le système des signaux lumineux pour régler la circulation dans les rues de Montréal ne soit pas près d'être mis en vigueur malgré les excellents résultats observés dans la ville de Westmount. C'est du moins ce qui ressort d'une entrevue que...

(Berthe tourne la manette. Nouvelles interférences. Sifflements.)

ANNONCEUR, *en anglais*
W.J.Z. Montreal...

(Berthe fait la grimace et tourne la manette. Nouvelles interférences si fortes que tout le monde sursaute. Janine, excédée, se tourne vers sa mère. Berthe fait semblant de ne pas la voir, et continue son jeu. On entend un récital d'orgue qui semble venir d'outre-mer. Berthe tourne une fois de plus la manette. Cette fois c'est un annonceur.)

ANNONCEUR
...il est exactement huit heures, heure normale de...

(Il est interrompu par des sifflements de toutes sortes que Berthe essaie de corriger. Nouvelles

interférences. Puis on entend le thème de l'heure provinciale en sourdine, pendant qu'un nouvel annonceur se fait entendre.)

ANNONCEUR
...de l'heure provinciale, vous entendrez...

(Berthe fait un ah! de satisfaction et essaie de régler la voix.)

ANNONCEUR, *continuant*
...le quatuor Sylva qui interprétera pour vous le chœur des Vignerons de Mendelssohn, et le Chant des matelots de Théodore Dubois. À l'orchestre, la Berceuse de Benjamin Goddart et le Cygne de Saint-Saëns. Vous entendrez également la Valse de la cocarde de Mimi Pinson et Ariette de l'opéra Werther de Jules Massenet, chanté par Mademoiselle Gilda Guercy. Après quoi, le révérend père Forest o.p., professeur à l'Université de Montréal vous parlera du rôle de la femme dans la société. Et enfin pour terminer le quatuor Sylva interprétera une œuvre de Denza: L'amour s'en vient, l'amour s'en va...

(Avant que l'annonceur n'ait terminé son boniment, le téléphone sonne. Chacun suspend ses activités, l'espace d'un moment comme font les gens qui ne reçoivent pas souvent d'appels. Il y a une seconde d'attente, presque d'espoir. Blanche elle-même s'est arrêtée à deux pas du téléphone. Mais elle repart presque aussitôt avec un haussement d'épaule.)

JANINE, *ressaisie, bourrue, à Lucienne*
Mais vas-y! C'est sûrement Georges.

LUCIENNE, *reprenant intérêt au jeu*
Qu'en sais-tu?

(Berthe, agacée, se penche vers le hall tandis que le téléphone sonne de nouveau.)

BERTHE
Tu réponds, Blanche?

BLANCHE, *de loin, off caméra*
Ce n'est pas pour moi.

BERTHE, *irritée*
Bon, bon, ne vous dérangez pas!

(Elle coupe la voix de l'annonceur, se lève énergiquement et se dirige vers la table du téléphone placée dans le hall au pied de l'escalier.)

BERTHE, *décrochant*
Allô?...

(Malgré elles, les trois filles écoutent. Sait-on jamais?... Janine suspend sa carte, Lucienne tend l'oreille et Blanche, au bout du hall, s'est de nouveau arrêtée. On la voit de dos.)

BERTHE
Ah! c'est toi, Alice...

(Automatiquement, Blanche reprend sa promenade, Janine dépose sa carte et Lucienne revient au jeu avec un haussement d'épaule.)

JANINE, *maussade*
Tante Alice!... Je l'entends d'ici... «Comment vont mes trois grandes niaises?»

BERTHE, *au téléphone. Petit rire*

Elles vont bien, très bien...

JANINE

Il y a au moins dix ans qu'elle fait cette blague!

(Lucienne ne répond pas. Elle vient de prendre une carte qui lui donne l'air plus triomphant que jamais et étale son jeu pendant que Janine continue à grogner.)

JANINE

Qu'est-ce qu'elle peut bien nous vouloir! Elle qui n'appelle pas deux fois par année!

LUCIENNE, *triomphante*

Rummy!

JANINE, *se penchant, dépitée, pour regarder le jeu que sa sœur vient d'étaler*

Ah!

BERTHE, *au téléphone*

Louisette se marie!

(Elle se penche vers ses filles, non sans malice.)

BERTHE

Votre cousine Louisette se marie!

(Elles ont très bien entendu. Blanche s'est de nouveau arrêtée, devant la porte du salon cette fois. Elles se regardent toutes les trois, tendues à ne rien manifester de ce qu'elles éprouvent. Berthe les regarde aussi, non sans une certaine satisfaction.)

(Thème: The man I love.)

BERTHE, *au téléphone, après un temps*
Une fille de dix-sept ans! Tu étais bien pressée de la marier!

(Janine se ressaisit la première.)

JANINE
Une petite folle! Je lui en souhaite à son mari. *(Impatiente.)* Joue donc, Lucienne.

LUCIENNE, *déçue*
Mais je viens de faire rummy!

(Blanche s'est de nouveau éloignée.)

JANINE
Ah oui!... Eh bien, comptons nos points...

(Lucienne regarde son jeu d'un air frustré. Cette nouvelle a gâté son triomphe. Elles comptent leurs points pendant que Berthe continue sa conversation au téléphone.)

BERTHE
L'amour, oui bien sûr!... Toujours l'amour!

(Elle fait une grimace moqueuse qui en dit long sur ce qu'elle pense de l'amour.)

BERTHE
Eh bien, tu féliciteras Louisette de ma part.

(Elle se penche vers le salon pour taquiner ses filles.)

18

BERTHE — L'amour, oui bien sûr! Toujours l'amour.

BERTHE — J'y pense, Lucienne, il serait encore temps, pour toi du moins, de damer le pion à ta cousine... Georges?... Un professeur, c'est épousable!

GEORGES — Toute la maison se transformait de la cave au grenier. Du haut en bas, la vie lui était rendue.

GEORGES, *ému* — Blanche!...

BERTHE

Et de la part de ses cousines...

(Air agacé de Janine et Lucienne qui ne perdent pas un mot de la conversation.)

BERTHE, *off caméra*

Oh! mes filles, le mariage les intéresse de moins en moins. Quand on atteint la trentaine, on devient plus exigeante, n'est-ce pas? D'ailleurs, soit dit entre nous, le mariage n'est pas nécessairement une garantie de bonheur.

(Visages crispés des filles qui évitent de se regarder. Janine écrit les points si énergiquement qu'elle casse la mine de son crayon. Lucienne s'agite sur sa chaise, en rassemblant les cartes.)

BERTHE, *au téléphone, off caméra*

Les enfants qui viennent toujours trop vite, qui tombent malades, qu'il faut soigner... Les inquiétudes, les soucis matériels!... Et cela, jour après jour!

(Visage triste de Blanche qui s'est réfugiée dans un coin sombre du corridor. Elle voudrait que sa mère se taise et on devine qu'elle dit: «Arrêtez, arrêtez!» Mais aucun son ne sort de ses lèvres.)

BERTHE, *avec rancœur*

Sans oublier d'autres malheurs, dont il n'est pas nécessaire de parler...

LUCIENNE, *bas à sa sœur avec un petit rire plein de revanche*

Le mari qui vous abandonne par exemple, après

dix ans de mariage, en vous laissant trois filles sur les bras!

JANINE, *durement*

Il y a des jours où je me demande si, à la place de papa, j'aurais attendu si longtemps!

LUCIENNE, *effrayée*

Chut!

(Elle se penche pour regarder sa mère qui n'a rien entendu.)

BERTHE, *au téléphone. On la voit.*

Et cette crise!... Le chômage!... Pauvre petite Louisette, je la trouve bien courageuse! Son fiancé a-t-il une situation solide au moins? *(S'exclamant.)* Le fils d'un!... *(Air moqueur et pincé.)...* Ah bon!... Ah! bon!...

(Elle se penche pour regarder ses filles à qui elle a hâte de raconter ce qu'elle vient d'entendre.)

BERTHE, *au téléphone*

Oui, oui! Bonsoir Alice. Bien des bonnes choses à ton mari.

(Elle raccroche vivement et va rejoindre ses filles.)

BERTHE, *appelant*

Viens, Blanche, viens!... Vous ne savez pas qui elle épouse? Le fils d'un entrepreneur de pompes funèbres!

LUCIENNE

Non!

(Elles éclatent de rire avec des airs dégoûtés. Blanche qui a écouté dans le hall, hausse les épaules comme si elle disait: «Et après?...» et s'éloigne.)

BERTHE

Et vous ne savez pas ce que votre tante disait pour s'excuser? Que c'était au moins un métier où il n'y avait pas de chômage!

(Nouvel accès de rire.)

BERTHE

Bien sûr, crise ou pas crise, n'est-ce pas? *(Elle rit, puis s'exclame impétueusement.)* Ma foi, Janine, tu as eu tort de repousser Julien. Tu aurais fait une bonne leçon à ta cousine en lui prouvant qu'il vaut mieux attendre que de choisir trop vite.

JANINE, *ébranlée, presque avec regret*

Julien! Mais vous étiez la première à vous en moquer!

LUCIENNE, *pouffant de rire*

Écoute! Il était tellement drôle avec ses grandes oreilles décollées et son petit nez en l'air!

BERTHE

Et son gros visage rond! Un vrai clown! Te rappelles-tu l'imitation de Blanche?

(Elle met les mains de chaque côté de son visage pour imiter Julien, fait un sourire fendu jusqu'aux oreilles et regarde Janine avec un regard mouillé et plein de convoitise.)

21

BERTHE, *énamourée*

Ma belle Janine...

*(Lucienne éclate de rire. Berthe se tord et Janine
ne peut elle-même s'empêcher de les imiter.)*

BERTHE, *avec autorité*

Mais il était avocat! Et un professionnel, c'est un
professionnel!

(Elle se penche vers le passage.)

BERTHE, *appelant Blanche*

Viens donc rire avec nous au lieu de te ronger
les sangs parce que ta cousine se marie avant toi.

BLANCHE, *paraissant aussitôt, furieuse*

Mais!... Je me promène tous les soirs après le
repas pour faire ma digestion, ce n'est pas nouveau!

BERTHE, *prenant Janine et Lucienne à témoin*

La voilà encore montée sur ses grands chevaux!
Calme-toi, je t'en prie. Crois-tu que j'aimerais te voir
épouser le fils d'un entrepreneur de pompes funèbres,
même héritant de tous les cadavres de son père?

BLANCHE, *qui s'est ressaisie*

J'espère bien!

*(Elle prend vivement le compteur et le crayon
sur la table et se met dans la position du croque-
mort attentif, prévenant, discret, de bonne classe.)*

BLANCHE

Et pour le cercueil?... Ébène, chêne, pin?... « Rien

de trop beau pour votre cher disparu»... Que diriez-vous d'un cercueil en deux couleurs? On a décidé de les égayer un peu cette année. L'aimeriez-vous doublé en satin, rayonne, tweed anglais, flanelle, marquisette?... La flanelle est plus chaude pour l'hiver...

LUCIENNE, *riant aux larmes*
Qu'elle est folle!

BERTHE
J'y pense, Lucienne, il serait encore temps, pour toi du moins, de damer le pion à ta cousine... Georges?... Un professeur, c'est épousable!

(Elle a un regard vif et circulaire pour observer la réaction de ses filles. Janine, un peu crispée, regarde Lucienne. Blanche se détourne pour déposer le crayon et le compteur sur l'appareil de radio. Lucienne, ravie d'être celle qui a un prétendant immédiat, sourit, l'air perplexe comme si elle y pensait pour la première fois.)

LUCIENNE
Oui, bien sûr, Georges...

JANINE, *froidement*
Il faudrait d'abord le convaincre!

LUCIENNE, *petit gloussement*
Oh! je crois bien que si je voulais...

(Blanche se retourne prise d'un éclat de rire irrésistible.)

BLANCHE
La vois-tu, Janine, la vois-tu à l'église, grande

comme elle est, donnant le bras à Georges qui a l'air d'un basset à côté d'elle?

JANINE, *rire féroce*

Un basset! Tu l'as trouvé! Il a l'air d'un chien basset avec des jambes courtes.

(Blanche s'approche de Lucienne en riant.)

BLANCHE

Woof! Woof!... Quel couple attendrissant vous feriez!

(Elle mime la scène et fait semblant de donner le bras à un petit mari hypothétique vers lequel elle baisse les yeux avec amour. Après quoi elle se courbe pour imiter le petit mari, les yeux fixés sur sa grande femme.)

BLANCHE, *tendrement*

Woof! Woof!

(Lucienne, qui jusqu'ici n'avait pas ri, ne peut s'empêcher de s'esclaffer comme sa mère et sa sœur. Blanche s'anime de plus en plus. Il y a entre elles un courant de sympathie, presque de tendresse. C'est le seul moyen par lequel elles se rejoignent vraiment.)

BLANCHE, *à Janine. Riant*

Et le soir des noces, la vois-tu passant la main sur ce beau crâne à moitié déplumé de son mari.

(Elle mime la scène une fois de plus comme si Georges arrivait à la hauteur de sa poitrine. L'air attendri.)

BLANCHE

Chère belle petite tête!

JANINE, *se tordant*

Arrête, Blanche!

LUCIENNE, *riant aux larmes*

J'en pleure!

BLANCHE, *continuant, féroce*

Tandis qu'il cherche à l'entraîner vers les joies conjugales. *(Se baissant pour imiter Georges. Passionnément.)* Woof! Woof! Woof!

BERTHE, *secouant le bras de Blanche*

Les joies conjugales! *(Elle se pâme de rire.)* Quand j'entends ça! Les joies conjugales!

(Lucienne hausse les épaules et regarde sa mère en ricanant.)

LUCIENNE

Elle va encore essayer de nous faire croire qu'il s'agit d'un supplice!

(Le rire de Berthe se fige.)

JANINE, *suave*

Nous n'avons plus seize ans, Maman!

LUCIENNE, *riant*

Un supplice!

(Berthe qui s'est redressée, les défie du regard.)

BERTHE

Ah! Très bien!... Et qu'est-ce que c'est d'après vous?

(Un temps. Blanche a reculé d'un pas dès les débuts de la discussion, Lucienne et Janine évitent de se regarder.)

BERTHE, *arrogante*

Eh bien?... J'attends!... Puisque vous êtes mieux renseignées que votre mère, informez-la!

JANINE, *irritée*

Je ne sais pas ce que c'est, bien entendu. Mais il me paraît évident que si c'était un supplice, on ne verrait pas tant de femmes se jeter dans les bras des hommes en dehors des liens sacrés du mariage comme vous dites!

(Gloussements de Lucienne.)

BERTHE, *éclatant*

Mais ma pauvre petite fille, elles le font pour arracher de l'argent aux hommes! Il n'y a pas d'autre explication possible!

(Elle retourne à son appareil de radio et tourne une manette. Blanche, l'air malheureux, s'assoit sur le bras du fauteuil que sa mère vient de quitter. Personne ne rit plus.)

BERTHE, *continuant*

Ou alors elles prennent ce moyen dans l'espoir de se faire épouser en fin de compte, ce qui revient au même!

(Un temps lourd où personne ne se regarde.)

BERTHE

Jamais, jamais on ne me fera croire qu'une femme puisse faire ça autrement que par intérêt! Jamais! À moins d'être une vicieuse! Vous ne savez pas de quoi vous parlez! Moi, je le sais!

(Blanche ne parvient pas à réprimer un vif mouvement de protestation. Janine et Lucienne se tournent vers elle, une lueur d'espoir dans les yeux. Mais Blanche n'arrive qu'à balbutier.)

BLANCHE

Dans les livres... L'amour...

BERTHE

Littérature! Je vous l'ai dit cent fois! Ça n'a rien à voir avec la vie! Avec la réalité!

(Elle leur tourne le dos pour ne plus avoir à les regarder. Il y a dans sa voix une sorte de frémissement. L'indignation profonde, étouffée, ravalée d'un être qui aurait subi une humiliation ineffaçable.)

BERTHE

La réalité, c'est qu'il n'y a rien de plus... de plus humiliant pour une femme! C'est... une chose... odieuse! Au-delà de toute expression! Vous ne pouvez pas savoir. Je ne vois rien de plus... de plus avilissant. Avilissant, oui, c'est le mot!

(Elle s'arrête, regrettant d'en avoir tant dit, et frappe sur l'appareil de radio à deux ou trois reprises pour le stimuler.)

BERTHE

Voyons, voyons! Qu'est-ce qu'il y a qui ne va plus?

(Les trois filles se taisent, les yeux baissés pour ne pas avoir à se regarder. Janine fume plus énergiquement que jamais. Lucienne se ronge les ongles nerveusement. Blanche semble figée sur place, incapable d'un mouvement. La radio enfin réchauffée fait entendre la Berceuse de Goddart. Janine pousse les cartes devant Lucienne.)

JANINE, *sèchement*

Au jeu...

(Lucienne donne les cartes, trois par trois. Interférences à la radio. Berthe coupe le son.)

BERTHE, *avec autorité*

S'il n'y avait pas cette inquiétante question de sécurité, je suis convaincue qu'il n'y aurait pas une femme sur cent qui se marierait! Elles sont privilégiées, grandement privilégiées, les jeunes filles qui ont un revenu suffisant pour vivre indépendantes des hommes! Dites-vous bien ça!

(Blanche a un sourire de profonde amertume et s'éloigne vers le hall. Janine et Lucienne, le visage plus fermé que jamais, jouent sans se regarder. Berthe leur jette un dernier regard, comprend qu'elle les a de nouveau convaincues et s'assoit dans son fauteuil avec une satisfaction mêlée de lassitude.)
(On entend à travers la mélodie de Goddart la phrase musicale la plus érotique du thème de

28

l'émission — *The man I love. Comme une plainte déchirante et presque obscène. Scandaleuse. Mais la suavité angélique de la Berceuse reprend aussitôt ses droits et tout rentre dans l'ordre. Blanche s'est remise à déambuler dans le hall.*

(Un temps. Puis sonnette de la porte d'entrée. Blanche s'arrête, soudain émue.)

LUCIENNE, *off caméra, ennuyée*

Va donc ouvrir, Blanche. C'est sûrement Georges qui vient faire «son petit brin de causette» comme il dit.

(Blanche fait un effort pour se ressaisir et fait un pas vers la table à cartes, d'un air complice.)

BLANCHE

Mais c'est toi qu'il vient voir, Lucienne! Woof! Woof!

JANINE, *riant. À Lucienne*

Ton prétendant!

(Lucienne a un petit geste de mépris pour repousser l'idée. Blanche s'éloigne. Aussitôt qu'elle a dépassé la porte d'arche, elle s'arrête comme pour étouffer les battements de son cœur. Puis elle a un geste pour faire mousser ses cheveux et va ouvrir la porte. On voit Georges de dos, les épaules et le chapeau couverts de neige. Il ouvre les bras pour chanter comme un ténor ou un baryton d'opéra. Bruits de rue en sourdine.)

GEORGES, *chantant*

Les verts sapins de la vallée, ce soir sont habillés de blanc...

(Blanche l'écoute avec un sourire mi-triste, mi-attendri, car il est à la fois ridicule et touchant.)

BLANCHE

Il neige en effet...

(Il entre tandis que Blanche ferme la porte.)

GEORGES

Une vraie neige de l'ancien temps.

(Il a lui-même quelque chose d'une autre époque. On l'imagine dans un salon d'autrefois, boute-en-train un peu provincial avec des blagues faciles, mais désarmant de gentillesse et de tact, et toujours souriant. Une vraie proie pour des vieilles filles ricaneuses, encore jolies. Il a enlevé ses gants et se tourne vers Blanche, tout en ôtant son manteau. Ils se regardent. Georges sourit.)

GEORGES

Vous allez bien?...

(Elle hoche la tête sans répondre, car elle craint de se mettre à pleurer.)

GEORGES, *ému*

Blanche?

(Elle baisse les yeux sans répondre, cherchant à se ressaisir. Georges dépose vivement son manteau sur la chaise et vient la retrouver.)

GEORGES, *bas*

Blanche... Blanche, je voudrais vous parler...

(Il lui prend les mains. Blanche, étonnée et bouleversée, le regarde sans comprendre.)

GEORGES

À vous, oui, mais seul avec vous...

(C'est l'émotion de Blanche qui l'a poussé à faire ce geste qu'il n'aurait jamais osé faire auparavant. Blanche a un regard éperdu, plein d'espoir. Mais l'idée de sa famille lui revient aussitôt et elle tourne vers le salon des yeux angoissés. On voit Berthe se pencher vers le hall pour voir ce qui s'y passe. La mère et la fille se regardent un moment. Le visage de Berthe est indéchiffrable. Sa tête disparaît. Blanche ramène sur Georges un regard pathétique. Geroges qui n'a rien vu, cherche à la retenir.)

GEORGES

Ne puis-je vous voir ailleurs qu'ici?...

BLANCHE, *se dégageant avec un petit rire fêlé*

Venez venez!... Vous êtes attendu.

(Georges déçu, la suit vers le salon où il essaie de faire bonne figure.)

GEORGES, à *Berthe*

Ah! Ah!... Je crois que vous jouez toujours de votre instrument favori! *(Il s'incline devant Berthe en lui tendant la main.)* Cela vous donne-t-il au moins l'impression d'être musicienne, Madame?

(Janine et Lucienne, dans son dos, font des mimiques de précieuses, tandis que leur mère hausse les épaules, les yeux au ciel, moqueuse.)

BERTHE

Pauvre Georges!

(Habitué à ce genre de réception, il se met à rire avec bonne humeur et se tourne vers les deux joueuses qui se ressaisissent aussitôt.)

GEORGES

Bonsoir... Encore une partie de commencée? J'arrive donc toujours comme un chien dans un jeu de quilles?

JANINE, *regardant Lucienne*

Woof! Woof!

(Blanche, alarmée, se détourne vivement. Lucienne pouffe de rire. Georges, étonné, cherche à comprendre.)

LUCIENNE, *vivement*

Nous avons presque fini, Georges. Donnez-nous deux minutes et nous pourrons faire un bridge.

BLANCHE, *s'éloignant. D'un ton brusque*

Ne comptez pas sur moi ce soir.

BERTHE, *suave*

Ta digestion, Blanche?

(Georges s'appuie machinalement sur le fauteuil de Lucienne.)

GEORGES

À vrai dire, je n'ai pas envie de jouer non plus, car j'ai une proposition à vous faire.

(Tous les regards se tournent vers Lucienne sauf celui de Berthe, braqué sur Blanche qui s'éloigne avec appréhension.)

LUCIENNE, *minaudant, l'air surpris*

Ah! oui!...

JANINE, *à Georges*

Devant tout le monde? *(À Lucienne, sarcastique.)* Drôle d'idée...

LUCIENNE, *petit rire*

Il me semble, en effet...

BERTHE

Enfin, si Lucienne n'y voit pas d'objection!... Car c'est bien de Lucienne qu'il s'agit, n'est-ce pas?

GEORGES, *surpris*

Lucienne?... *(Comprenant, il retire sa main et proteste vivement.)* Non, non, vous vous trompez! C'est à vous, Madame, que je dois m'adresser.

BERTHE

Ah! bon, vous faites les choses comme on les faisait de mon temps. *(Avec une grimace moqueuse.)* C'est bien cela, très bien. D'abord s'adresser aux parents!

(Georges mal à l'aise, s'éloigne de Lucienne. Le visage de Blanche se détend.)

GEORGES, *avec un geste vif*

Mais non, mais non, nous nous égarons. Il ne s'agit pas de ça du tout!

(On le regarde avec étonnement. Lucienne a une moue dépitée qu'elle se dépêche d'effacer devant le regard moqueur de Janine.)

GEORGES

Il s'agit de toute autre chose!... Vous savez, cet ami dont je vous parlais, qui est allé étudier les sciences politiques et économiques à Paris?... Eh bien! il doit revenir incessamment pour remplacer un professeur de l'Université de Montréal que son médecin a mis à la retraite...

BERTHE, *ennuyée, l'interrompant avec un geste pour revenir à son appareil*

Quel rapport cela a-t-il avec nous? Je ne vois pas en quoi ça peut nous intéresser.

GEORGES

Oh! vous allez sans doute trouver ma proposition un peu spéciale, je l'avoue....

BERTHE, *les yeux au ciel*

Si vous étiez moins long, mon pauvre Georges!

(Regard agacé de Blanche vers sa mère.)

GEORGES

J'arrive aux faits, patientez! Cet ami m'écrit pour me demander de lui trouver une pension à Montréal. J'ai d'abord pensé à le recevoir chez moi, mais sa présence causerait un surcroît de travail à ma pauvre vieille maman. Alors j'ai cherché ailleurs et, en cherchant, j'ai pensé à vous, à cette belle demeure...

(Étonnement général.)

BERTHE, *l'interrompant. Avec hauteur*

Je vous ferai remarquer que «cette belle demeure» n'est pas une maison de pension, mon cher.

GEORGES

En effet, mais qu'est-ce qui l'empêcherait de le devenir?

LUCIENNE, *avec un petit rire snob*

Georges, quand même!

GEORGES, *s'animant*

Pourquoi pas? Je vous le demande, pourquoi pas?... J'en parlais à ma mère, et j'y songeais encore en venant ici... Je vous assure, plus j'y réfléchis, plus je me dis que ce serait la meilleure façon de rendre la vie à cette grande maison dont vous n'utilisez plus que le rez-de-chaussée. Voyons, n'est-ce pas dommage de penser à ces deux étages fermés par des trappes, à toutes ces pièces vides qui attendent de revivre? Songez que vous êtes à deux pas de l'université! En un rien de temps, vous trouveriez des locataires pour toutes vos chambres si vous vouliez!

(Les trois sœurs se regardent, subitement intéressées, mais chacune d'elle se garde bien de le manifester par crainte des sarcasmes maternels. Berthe qui a écouté en haussant les épaules, s'exclame sarcastique.)

BERTHE, *enchaînant*

Des étudiants, oui! Pour qu'ils me cassent tout mon mobilier. *(Avec mépris.)* Je vous félicite!

GEORGES, *déçu et perplexe*

Bah! vous croyez?... Mais alors vous pourriez vous en tenir aux professeurs! Je suis convaincu que vous en trouveriez facilement, surtout si vous incluez les repas...

BERTHE, *sarcastique*

Les repas, maintenant? Il ne doute de rien! Le voilà qui m'installe à la cuisine du matin au soir! Il ne veut pas fatiguer sa pauvre chère vieille maman, mais pour moi, pas de pitié. Au poêle!

GEORGES, *désemparé*

Mais... vous n'êtes pas seule! Vous avez trois filles pour vous aider!

(Il se tourne vers Lucienne et Janine qui se remettent vivement à jouer, rendues plus prudentes encore par le dernier éclat de leur mère.)

GEORGES, *avec insistance*

N'est-ce pas?

JANINE, *bourrue*

Vous savez, passer la journée à laver la vaisselle...

LUCIENNE

Ou à changer des lits...

(Il va vers Blanche qui se trouble, regarde sa mère et finit par répondre en bafouillant.)

BLANCHE

Une maison de trois étages...

BERTHE, *avec un petit sourire*

Vous voyez!

(Georges se tait, un moment désemparé.)

GEORGES, *perplexe*

Il me semble pourtant que ce projet aurait donné un intérêt à votre vie tout en augmentant vos revenus, ce qui en temps de crise n'est pas à dédaigner.

BERTHE, *sèchement*

Nous n'avons pas besoin de ça pour vivre...

GEORGES, *les regardant, rêveur*

Vivre?...

(Surprises et vexées, les trois sœurs se tournent vers leur mère.)

BERTHE, *plus sèche que jamais*

Oui, Georges, nous vivons bien. Moins bien qu'avant, je vous l'accorde! Nous n'avons plus de domestiques, ce qui nous force à confiner notre vie à un seul étage de la maison, mais Dieu merci, les revenus que mon père nous a laissés n'ont pas fondu au point de nous forcer à gagner notre vie. De sorte que votre idée, si bonne soit-elle, ne saurait nous intéresser!

GEORGES, *après un temps, hochant la tête*

Bon... Mais c'est dommage!... *(Aux trois sœurs.)* Il me semblait que cette existence paisible à une époque où tout le monde se débat dans le marasme devait vous donner l'impression de vivre un peu en marge de la vie... et je voulais... je croyais que cette idée vous apporterait un but.

> *(Blanche baisse obstinément les yeux. Janine fume énergiquement et Lucienne, les sourcils froncés, feint de réfléchir à la carte qu'elle va jouer. Berthe se remet à jouer avec les manettes en haussant les épaules avec mépris.)*

BERTHE

Un but!... Louer des chambres à la semaine...

GEORGES, *secouant la tête et regardant autour de lui*

Je voyais cela d'un autre œil que vous. J'imaginais une pension de famille accueillante et sympathique, réservée aux universitaires. Étudiants... oui, oui, étudiants aussi bien que professeurs! Je les voyais discutant, échangeant des opinions, chacun donnant son avis. Votre salon devenait une sorte de centre intellectuel, un foyer d'idées comme il n'en existe malheureusement pas à Montréal...

> *(Janine et Lucienne ont cessé de jouer pour l'écouter presque à leur insu. Lucienne se ronge les ongles, Janine continue à aspirer sa cigarette par petites bouffées. Leurs yeux se mettent à briller, comme si elles voyaient les scènes décrites par Georges qui retrouve son enthousiasme en parlant. Blanche, au début, le regarde comme si elle voulait le remercier d'avoir pensé de cette façon à leur maison, mais peu à peu elle se met aussi à croire. On entend «The man I love» tout le temps qu'il parle.)*

GEORGES

Toute la maison se transformait de la cave au grenier. Du haut en bas, la vie lui était rendue. Ah! vous avez beau dire, je continue à voir cela comme je l'avais imaginé. Les lumières s'allument dans chaque pièce, les planchers frémissent, les escaliers retrouvent leur fonction, la salle à manger voit sa longue table repeuplée. Les conversations y vont bon train d'ailleurs! On parle de tout! Et après le dîner, on va reprendre la discussion au salon...

(Berthe pouffe de rire et se tourne vers ses filles pour les prendre à témoin des utopies de Georges. Mais son visage se durcit en constatant que ses filles sont sur le point de lui échapper. Georges, dès lors, devient une menace qu'il faut prendre en considération. Elle se met à l'écouter, toute tendue à chercher dans son discours la faille qui lui permettra d'intervenir.)

GEORGES, *continuant sans l'entendre*

Au salon qui n'est plus réduit uniquement à ce demi-cercle de lumière, au salon qui retrouve enfin ses proportions véritables, sa raison d'être! Et toute sa clarté! *(Il va allumer une lampe dans un coin tout en parlant.)* Car il y a des groupes dans tous les coins. Ici, on commente le dernier discours du chef de l'opposition. «Un parti qui demeure au pouvoir plus de quinze ans est voué à la corruption» a-t-il déclaré. Que faut-il en penser? *(Il s'éloigne et va allumer une autre lumière.)* Ici, on discute du progrès. «Un jour, dit un étudiant de Polytechnique, on pourra aller à Paris en avion en cinq ou six heures!» Les autres protestent, bien entendu. *(Il va allumer une autre lumière, près du piano.)* Le coin de la musique! Des artistes! N'est-ce pas vous, Blanche, qui chantez pendant qu'un de vos pensionnaires vous accompagne?... *(Blanche lui sourit avec émotion. Il va allumer une autre lumière.)* Ici, on discute le système d'éducation du Québec. «Il faudrait que l'enseignement soit totalement laïque», s'exclame une forte tête au milieu des protestations. *(Il revient vers la table à cartes.)* Et là, la même table à cartes groupant les amateurs de bridge. *(Il se penche au-dessus de l'épaule de Janine et s'exclame.)* Vous gagnez, Janine! *(Il étale triomphalement son jeu sur la table.)* Grand slam! Vos adversaires sont furieux, mais votre partenaire, un professeur de droit romain, vous félicite chaleureusement.

(Janine se met à rire comme si c'était vrai.)

LUCIENNE, *se levant*

Et moi?... Et moi?...

(Georges lui prend la main et lui fait faire quelques pas vers les fauteuils.)

GEORGES

Vous, Lucienne, vous évoluez au milieu de tous, fêtée par tous, apportant dans ce monde d'hommes, votre gaieté et votre charme féminin...

(Berthe a un long éclat de rire qui réveille tout le monde. Le thème se tait.)

BERTHE

Le menteur! Le menteur!

(Chacun sursaute et se tourne vers elle avec un regard désenchanté. Berthe se lève et tire Lucienne par la main. Doucement d'abord, puis d'une voix de plus en plus implacable.)

BERTHE

Je vais te le dire, moi, où tu es pendant que ces beaux messieurs se prélassent dans nos fauteuils. Tu es à la cuisine, ma petite fille! Tu laves la vaisselle! Et toi, Blanche, tu l'essuies! Et toi, Janine, tu la ranges! Et avec tant de gens dans la maison, quand vous avez fini, il est tellement tard, et vous êtes déjà si épuisées par la besogne du jour que vous ne songez plus qu'à aller vous coucher! Les pieds ronds à force d'avoir marché, les épaules tombantes, les mains déformées par le travail et la tête vide! D'un vide absolu! Et l'idée d'aller vous amuser à charmer les pensionnaires ne vous vient même pas à l'esprit, parce que vous savez que le lendemain matin, il va falloir vous lever à l'aube et recommencer à peiner! La voilà, la réalité!

GEORGES, *protestant*

Tout de même, Madame, à quatre, il me semble que vous arriveriez à...

BERTHE, *sèchement*

Vous ne trouvez pas que vous avez suffisamment parlé?

GEORGES

Quitte à prendre de l'aide de l'extérieur... Une bonne, s'il le faut! Cette pension augmenterait suffisamment vos revenus pour...

BERTHE, *l'interrompant, durement*

Assez, Georges, Vous êtes un beau parleur, je vous le concède, mais vous n'êtes que cela.

GEORGES, *blessé*

Madame!

BERTHE

Si vous étiez un homme d'action, je vous écouterais peut-être. Mais les mots vous suffisent. *(Elle l'empêche de parler.)* Autrement, vous contenteriez-vous, à trente-huit ans, d'enseigner la classe de septième à une bande de jeunes imbéciles?

GEORGES, *étonné et indigné*

Mais!... L'enseignement?... C'est une carrière! Presque un apostolat!

BERTHE

De tout repos, mon ami, de tout repos! Aussi, j'admire que vous soyez prêt à nous charger d'un tel fardeau, quand vous vous contentez de végéter tout mollement entre vos cours et votre chère vieille mère.

GEORGES, *blessé*

Mais... Il m'avait semblé... Il y a des gens après tout qui tiennent des maisons de pension et qui n'en meurent pas.

BERTHE

Eh bien, ouvrez-en une pour votre compte et laissez-nous tranquilles. Et ainsi, vous pourrez vous payer toutes ces plaisantes soirées que vous rêviez de prendre à nos frais.

(Georges, humilié, fait un geste vers les joueuses pour les prendre à témoin, mais Lucienne et Janine, furieuses d'avoir mordu au piège, lui lancent un regard plein de colère et se remettent à jouer aux cartes. Il fait un pas vers Blanche qui se détourne pour lui cacher son désespoir. Berthe enchaîne après un temps, désignant ses filles avec mépris.)

BERTHE

Et vous vous laissiez prendre à ces sornettes! Voyez-vous cela! À votre âge!... *(Elle rit.)* Trois grandes dindes approchant de la trentaine!

GEORGES, *humilié, mais pour les trois sœurs cette fois*

Madame.

BERTHE, *ironique*

Vous a-t-il assez fait comprendre au moins que ces soirées auprès de vous l'ennuyaient et qu'il aspirait à d'autres distractions?

(Janine et Lucienne, surprises, se tournent vers Georges, non moins surpris.)

BERTHE, *à ses filles, suave*

Vous n'aviez pas compris ça?

JANINE

Mais s'il n'est pas satisfait de ce qu'il trouve ici, il n'a qu'à rester chez lui!

GEORGES, *surpris, protestant*

Je n'ai jamais dit... je n'ai jamais voulu dire!...

LUCIENNE

Vous pourrez vous dispenser de venir me voir à l'avenir!

BLANCHE, *mortellement inquiète*

Lucienne!

GEORGES, *bien dégrisé*

Laissez, Blanche, à quoi bon...

LUCIENNE

Je me passerai très bien de vos visites, je vous le jure!

(Georges la regarde et sourit avec un haussement d'épaule.)

BERTHE, *mielleuse*

Es-tu tellement sûre que Georges venait pour toi, Lucienne?

(Blanche regarde sa mère avec inquiétude. Lucienne, piquée, se tourne vers Berthe.)

LUCIENNE, *ricanant*

Peuh!... Pour qui voulez-vous?... Certainement pas pour vous, maman!

(Berthe sourit en désignant Blanche et Georges qui se regardent.)

JANINE

Pour?...

LUCIENNE, *étonnée*

Pour elle?...

GEORGES, *après un temps*
Pour elle...

BLANCHE, *prête à fondre en larmes*
Pour moi...

GEORGES, *à voix basse*
Oui, depuis quelque temps déjà, vous seule m'attirez ici...

LUCIENNE, *rire dépité*
Eh bien!... Eh bien, qu'attendez-vous pour tomber dans les bras l'un de l'autre, comme au cinéma? C'est le moment!

(Blanche ne l'entend pas. Elle ne voit plus que Georges. Émerveillée, elle fait un pas vers lui. Il en fait également un vers elle, comprenant soudain que ses sentiments sont partagés.)

GEORGES, *ému*
Blanche!...

(Janine les voit s'approcher l'un de l'autre et l'idée du bonheur possible de sa sœur lui est intolérable. Elle se tourne vers Lucienne avec protestation.)

JANINE
Lucienne!...

(Lucienne qui éprouve une frustration encore plus grande puisque Georges lui a été «volé», lui lance un regard désespéré tout en essayant de rire pour sauver sa vanité.)

45

LUCIENNE

Vois-tu ça!...

(Au deuxième plan derrière leurs têtes, le visage de Berthe grimace d'amusement. Ses traits ne redeviennent impassibles qu'au moment où elle s'adresse à Janine, en lui mettant la main sur l'épaule.)

BERTHE

À ta place, je les laisserais discuter cette affaire tous les trois. Je crois que cela ne nous regarde pas, toi et moi.

(Janine dont le visage s'est fermé dès que sa mère l'a touchée, se lève et suit Berthe comme un automate. Berthe, avant de sortir, se retourne.)

BERTHE, *avec aménité*

Personnellement, mes enfants, je vous donne ma bénédiction. *(Avec un petit sourire.)* S'il plaît à l'une de mes filles de vous donner sa main, Georges, dites-vous bien que je n'y ferai aucune opposition malgré vos folies de ce soir. *(Ton douceureux.)* Nous n'avons pas de rancune dans la famille. N'est-ce pas Janine?... *(Elle approche son visage de celui de Janine.)* Woof! Woof!

(Janine la regarde un moment sans comprendre, puis soudain son visage s'éclaire. Berthe a un sourire de triomphe satisfait et s'éloigne, sûre de gagner sur tous les plans. Janine se met à rire. Lucienne se lève et, croyant la partie perdue pour elle, fait un pas vers Janine.)

LUCIENNE, *désespérée*

Janine!

(Le rire de Janine monte, hystérique.)

JANINE

Woof! Woof! Woof! Blanche! Woof! Woof! Le
basset, t'en souviens-tu?

*(Alarmée, Blanche recule, laissant Georges qui
venait de lui prendre les mains. Lucienne s'empare
aussitôt de l'idée et éclate de rire bruyamment!)*

LUCIENNE

Le basset! Le basset! Je l'avais oublié.

GEORGES, *interloqué*

Qu'est-ce qu'elles ont?...

BLANCHE, *suppliante*

Lucienne!...

JANINE, *poussant Lucienne vers eux*

Raconte-lui, Lucienne! Raconte!...

*(Elle leur tourne le dos en riant, mais le dernier
visage qu'elle nous montre est un visage désespéré.
Blanche, les mains croisées, implore sa sœur.)*

BLANCHE

Lucienne?... Lucienne?...

*(Mais Lucienne rit toujours. Elle va vers Georges
et lui met la main sur l'épaule.)*

LUCIENNE

Woof! Woof! C'est Blanche qui a trouvé ça que

vous aviez l'air d'un basset! Vous auriez dû voir l'imitation qu'elle nous faisait de vous ce soir! C'était tellement drôle! Tellement drôle!

(Georges, humilié, regarde Blanche, devinant soudain à quel point on s'est moqué de lui.)

GEORGES, *atterré*

Vous, Blanche?... Vous?...

LUCIENNE, *poussant Blanche du coude*

Woof! Woof! Oh! Blanche, refais-lui ton imitation.... *(Pressante. Presque avec tendresse.)* Refais-la! Tu sais, Georges me conduisant à l'église...

(Elle s'accroche à Blanche qui se dégage brusquement pour s'approcher de Georges. Celui-ci recule avec un geste de protestation.)

GEORGES

J'ai compris!

(Lucienne revient se pendre à Blanche, suppliante.)

LUCIENNE

Je t'en supplie! Je t'en supplie, refais-la devant lui!

GEORGES, *colère froide*

Eh bien, qu'attendez-vous?

LUCIENNE, *suppliante*

Georges se collant contre moi le soir de nos noces, tu sais?... Montre-lui... Nous allons rire! *(Éperdue.)* Nous allons rire!...

48

(Blanche, désespérée, la regarde. Il y a une telle détresse dans les yeux de Lucienne et en même temps une telle tendresse qu'elle est reprise malgré elle par l'horrible jeu qui les lie contre le reste du monde. Tout n'est-il pas perdu de toute façon? Presque machinalement, son bras s'arrondit et elle se met à flatter une tête imaginaire à la hauteur de sa poitrine, sans cesser de regarder Lucienne.)

BLANCHE
La belle petite tête déplumée?...

(Georges, blessé, recule vers la porte d'arche. Lucienne éclate d'un rire bruyant, plein de reconnaissance.)

LUCIENNE
Et quand il veut m'entraîner vers les fameuses joies conjugales dont maman dit tant de mal...

(Blanche se baisse pour diminuer sa taille et se met à aboyer passionnément, les yeux levés vers Lucienne.)

BLANCHE
Woof! Woof! Woof! Woof!

(Lucienne se tord de rire. Georges s'incline très bas, les dents serrées.)

GEORGES
Merci.

(Il se redresse brusquement et s'éloigne dans le hall. Blanche, figée sur place, croit que son cœur

va s'arrêter. *Lucienne rit toujours de plus en plus*
nerveusement. Près des larmes.)

LUCIENNE

Tu l'as fait, Blanche, tu l'as fait! Et maintenant il
a compris! Il s'en va! Tu as fait ce qu'il fallait faire!

(Blanche la repousse avec haine. Le rire se fige
sur les lèvres de Lucienne, étonnée. On entend
s'ouvrir et se fermer la porte d'entrée. Blanche
court vers le hall. Georges n'y est plus. Lucienne
vient rejoindre Blanche.)

LUCIENNE, *essayant de rire*

Il est parti! Ne reste pas là, il est parti.

(Elle cherche à l'entraîner. De nouveau, Blanche
la repousse avec un visage dur.)

BLANCHE, *se contenant mal*

Lâche-moi!

(Lucienne qui ne comprend pas, fait un geste
pour l'attirer de nouveau.)

LUCIENNE, *balbutiant*

Qu'est-ce que tu as? Nous restons ensemble!
Toutes les trois... Nous sommes pareilles, Blanche!

BLANCHE

Va-t'en! Je te hais! Et Janine aussi! Et... Et elle
aussi! Toute la famille!

(Lucienne la regarde avec des yeux hagards.)

LUCIENNE, *balbutiant*

Ce n'est pas vrai? Dis que ce n'est pas vrai!... Ce n'est pas vrai!...

(Elle recule avec un visage bouleversé en secouant la tête pour rejeter les paroles de Blanche. Puis, brusquement, elle lui tourne le dos et se sauve en pleurant. Blanche s'appuie à la rampe de l'escalier.)

BLANCHE, *balbutiant*

Je ne voulais pas... Je ne voulais pas être comme elles! Je voulais... *(Pleurant.)* Georges!... Oh! Georges.

(Elle tombe assise, en sanglotant, sur les marches de l'escalier tandis qu'on entend le thème: The man I love, et que l'image s'efface.)

FIN

UN
SI BEL AUTOMNE

PERSONNAGES

Pierre	—	25 ans
Roger	—	26 ans
David	—	55 ans
Cécile	—	52 ans
Mariette	—	18 ans
Louise	—	20 ans
Le garagiste	—	autour de 50 ans
Gagnon	—	autour de 60 ans
Paquet	—	23 ans
Officier	—	entre 30 et 40 ans
Détective	—	autour de 30 ans
Agent	—	26 ans

Un commentateur à la radio.
Le père de Mariette, environ 55 ans.
Trois ou quatre figurants à la meunerie.
Trois ou quatre figurants, agents de police.

DÉCORS

Le salon des Lanthier
Une grande pièce dans une très vieille et petite
maison de ferme
La salle d'entrée de la meunerie
La salle d'entrée d'un garage

SCÈNES EXTÉRIEURES

Le bois
La maison de Mariette
La maison de l'Indien
La meunerie
Un garage

L'autoroute
Une route rurale
Le rang des Soixante

NOTES SUR LES PRINCIPAUX PERSONNAGES

DAVID — *Grand, solide, force tranquille, attentif aux autres. Regarde beaucoup les gens qui lui parlent. Vêtements de sport, sauf pour la première scène.*

CÉCILE — *Grosse matronne de village. Maniaque de l'ordre, de la propreté et des apparences. Vêtements recherchés, un peu trop voyants.*

ROGER — *Conformiste comme sa mère. Ambitieux, veut réussir, aime les grosses voitures. Déjà l'air d'un homme d'affaires. Complet, cravate, cheveux courts, grosse bague.*

MARIETTE — *Jolie, coquette, aime les bijoux, les vêtements nouveaux, les boucles de rubans. Nerveuse, fragile, à la fois attendrissante et irritante. Avide aussi bien d'amour que d'argent.*

PIERRE — *24 ans. Cheveux entre longs et courts, jeans, chandail, coupe-vent. Élégance naturelle dont il est inconscient. Beau. Grande sobriété de gestes aussi bien que de paroles.*

NOTES CONCERNANT LES DÉCORS

LE SALON DES LANTHIER — *Propreté quasi insupportable. L'éternel «set de salon»: un sofa, deux fauteuils. Table à café, télévision, etc. Bibelots et lampes sans goût. L'ensemble a l'air aussi neuf qu'à la sortie du magasin.*

CHEZ L'INDIEN — *Grande salle basse, poutres au plafond, poêle en fonte, armoire au mur, vieil évier rouillé, table à battants, deux chaises à fond de paille.*

LA MAISON DE MARIETTE — *Dans le rang des Soixante. Une ancienne maison de ferme en assez bon état, mais qui aurait besoin de peinture.*

LA MAISON DE L'INDIEN — *Même chose, mais beaucoup plus délabrée.*

Autoroute la nuit. Autos qui passent à toute allure. La caméra suit pendant quelques temps une très vieille petite auto, cabossée, dépeinturée, etc. Titres et générique. Une maison dans un village. Le salon. Trois personnes devant la télévision dont on ne voit pas l'écran. Deux jeunes filles et un jeune homme. Ils écoutent attentivement. Debout près d'une fenêtre, une femme soulève les rideaux et regarde dehors.

COMMENTATEUR

...qui prouve bien que le diplomate britannique est toujours vivant, puisque cette lettre contenait les mots clés que le ministère de la Justice lui avait demandé d'inclure...

(Cécile laisse tomber les rideaux et se tourne vers eux.)

CÉCILE, *très préoccupée*

Vous trouvez pas ça inquiétant, vous autres?

(Roger et Mariette ne bronchent pas. Louise a une grimace d'agacement pour rejeter cette remarque qui a déjà dû être faite plusieurs fois. Cécile s'assoit en soupirant sur le bord d'un fauteuil.)

COMMENTATEUR, *qui a continué*

Par ailleurs, un communiqué du Front de Libération, reçu ce soir par un des postes de radio de la métropole, annonce que le diplomate sera supprimé, si les autorités n'ont pas, d'ici 18 heures, relâché les détenus politiques...

(Cécile regarde sa montre et se relève.)

CÉCILE, *irritée de leur inaction*
Onze heures moins quart, si ç'a du bon sens!

(Absence de réaction des deux jeunes filles. Geste impatient de Roger pour faire taire sa mère.)

COMMENTATEUR, *même jeu*
...prévu leur transport pour Cuba ou l'Algérie, et interrompu toutes fouilles, perquisitions, arrestations, et tortures de la part des forces policières...

(Cécile, brusquement, est allée couper le son.)

CÉCILE, *éclatant*
Allez-vous m'écouter!

ROGER, *irrité*

Moman!

(Il se lève et va remettre le son. Cécile n'ose pas récidiver.)

CÉCILE
I' devait être revenu pour souper, cout' donc! En tout cas, si i' est pas arrivé d'ici un quart d'heure, moi, j'appelle la police.

LOUISE, *haussant les épaules*
Moman!...

(Cécile, excédée, retourne à la cuisine.)

(Roger, soulagé, revient s'asseoir à côté de Mariette qui lui sourit distraitement. Il lui prend la main. Ils écoutent.)

COMMENTATEUR, *même jeu*

Dans les deux communiqués de la journée, les documents n°s 6 et 7, le Front de Libération s'engage solennellement devant le peuple à libérer le diplomate britannique vivant et en bonne santé, dans les 24 heures qui suivront le retour des observateurs qui auront accompagné les prisonniers politiques. Les ravisseurs terminent le communiqué n° 6, en faisant part de leur détermination d'aller jusqu'au bout...

(À cet instant, la porte d'entrée s'ouvre toute grande et l'Indien paraît dans le cadre de la porte. Louise pousse un cri. Mariette se lève ainsi que Roger. Cécile revient de la cuisine.)
(Couper sur la porte, où l'Indien recule pour laisser passer David qui s'appuiera sur lui pour entrer dans la maison.)

COMMENTATEUR, *qui a continué*

...et préviennent le gouvernement qu'ils ont en leur possession une quantité suffisante de dynamite pour se sentir en sécurité. D'autre part, un porte-parole du ministère des Affaires extérieures se plaint que les terroristes ne précisent pas dans leurs messages, du moins à la satisfaction du gouvernement, à quel moment précis et en quel lieu exact leur victime sera remise en liberté.

CÉCILE, *éclatant*

Ben, je peux pas croire! *(À Roger.)* Ferme ça, toi!

(Elle a un geste vers la télévision. Roger va tourner la manette. Tandis que David s'approche, toujours appuyé sur l'Indien, Louise va refermer la porte.)

DAVID

Ben oui, ben oui! me v'là!... *(Il rit.)* Un peu magané, mais pas mort!

CÉCILE, *presque triomphante*

Je vous le disais ben qui y était arrivé quelque chose!

(Roger s'est dirigé vers la fenêtre.)

ROGER

C'est ben trop vrai, i' est pas revenu avec son auto!

(L'Indien aide David à enlever son manteau que Cécile prendra et époussettera soigneusement.)

DAVID, à l'Indien

Doucement, tit-gars!... *(Aux autres.)* Est au garage, l'auto! Je vous présente mon sauveteur... *(Riant.)* Mon bon Samaritain! Rien que lui qui s'est arrêté pour m'aider. *(Rageur.)* Une heure de temps que j'ai été sur le bord de la route à crier, pis à faire des signes désespérés! Pas un maudit qui arrêtait! Rien que lui... *(À l'Indien.)* Merci...

(Il va s'installer dans un fauteuil. Louise lui mettra un tabouret sous les pieds.)

CÉCILE

Donne-leur quelqu'chose à boire. Roger, voyons

donc! Grouillez-vous, les pt'ites filles... *(À David.)* Parle un peu, toi...

(Louise sort, côté cuisine. Roger sort des verres d'une espèce de mini-bar.)

DAVID

Ben, mon radio marchait mal, pis je voulais absolument écouter les nouvelles pour savoir s'il y avait eu un nouveau communiqué...

MARIETTE, *l'interrompant*

Y en a eu un!

DAVID, *se tournant vers l'Indien*

Ouais, on a appris ça plus tard...

CÉCILE

Vous êtes tout' en train de perdre la tête avec c't'histoire-là!

(David, perplexe, désigne l'Indien.)

DAVID

Pas lui! Ça l'intéresse pas!

(Regards étonnés vers l'Indien qui hoche la tête, gêné.)

DAVID

I' dit que ça le regarde pas... En tout cas, un moment donné, y a un gars qui me dépasse, chose!... Le yable l'emportait!... Tellement proche que j'ai été obligé de donner vivement un tour de roue. Wow! *(Il rit.)* Dans le champ! Pus capable de marcher... Obligé de m'traîner jusqu'à la route!... Maudits chauffeurs pas de coeur! Pas un qui arrêtait, comprenez-vous ça... Pas un! Si ça avait pas été de lui...

DAVID, à *l'Indien qui s'est reculé*

Viens donc t'asseoir, viens que je te présente ma femme, ma fille Louise, mon garçon Roger, pis la belle Mariette, sa... *(Il la regarde en riant.)* Sa fiancée?

MARIETTE, *riant*

C'est pas fait' encore!

CÉCILE

On vous remercie ben des fois, monsieur. *(L'Indien secoue la tête.)*

DAVID

Oui, certain! Aie, il m'a emmené au garage, il s'est occupé de l'auto, il m'a conduit chez le docteur, il m'a ramené icitte! Maudit, sans lui, je pense que je serais encore sur la route!

CÉCILE

Qu'est-ce qu'i' t'a trouvé, le docteur?

DAVID

Rien qu'une entorse. Pense pas que c'est pas chanceux!

(L'Indien semble gêné. Il reste debout. Louise est revenue avec de la bière. Mariette se lève pour l'aider et tend un verre à l'Indien, qui refuse.)

MARIETTE

Vous êtes étranger, je pense, hein?

(L'Indien hoche la tête. Demi-sourire triste.)

DAVID

I' vient de Montréal...

LOUISE, *aimable*

Ça fait combien de temps que vous êtes au Canada?

L'INDIEN, *après une légère hésitation*

Quéques milliers d'années... *(On le regarde.)* Je suis Indien.

(Moment de silence. Tout le monde le regarde. Chacun a suspendu son geste. Vague malaise qu'on éprouve toujours en pareil cas. Culpabilité? Chacun cherche quelque chose à dire qui équivaudrait à: «Ça nous fait rien que vous soyez Indien». Aussi, légère curiosité «Ah! C'est ça un Indien?»)

MARIETTE

Ah!...

CÉCILE

Ah bon!...

LOUISE

On est déjà allé à Caughnawaga...

L'INDIEN

Je viens de la Côte-Nord...

DAVID

Ah oui?... Là, i' doit y avoir d'la belle chasse à faire, mes amis!

(L'Indien sourit à demi. Nouveau malaise inter-
rompu par Mariette qui prend le parti de rire.)

MARIETTE
Vous autres, vous devez nous haïr!

LOUISE, *gênée*
Pourquoi tu dis ça donc, toi?

(L'Indien s'est tourné vers Mariette, une lueur dans
les yeux. Il la regarde longuement. Presque avec
espoir comme si elle était vraiment capable de
comprendre. Regard qui attire Mariette et agace
Roger.)

DAVID, *chaleureux à l'Indien*
Viens, mon vieux, viens t'asseoir à côté de
moi, qu'on se connaisse un peu.

L'INDIEN, *hésitant*
Faut que je parte.

DAVID
Es-tu si pressé? Tu m'as même pas dit où
c'est que tu t'en allais quand tu m'as ramassé?

L'INDIEN, *bafouillant*
Je l'sais pas... Je... j'm'en allais...

DAVID
Parle donc, parle donc.

L'INDIEN
J'tais tanné de la ville... je voulais... *(Brus-*
quement.) J'me demandais si c'tait possible de
trouver d'l'ouvrage à la campagne...

ROGER

C'est encore moins facile qu'en ville, hein, popa?

DAVID

À Montréal, t'as rien trouvé?

(L'Indien secoue la tête.)

ROGER

Avec le chômage qu'y a en ce moment.

L'INDIEN

C'est pas rien que le chômage.

DAVID

Comment ça?

(Un temps de malaise. L'Indien ne tient manifestement pas à répondre.)

DAVID

D'abord, qu'est-ce que tu voudrais faire?

L'INDIEN

N'importe quoi. J'ai fait toutes sortes de job...

DAVID

T'as pas de métier en particulier?

(L'Indien secoue la tête.)

DAVID

Sais-tu conduire un camion?

(L'Indien acquiesce, vivement.)

DAVID, *perplexe*

Ouais...

(David se tourne vers son fils comme pour le consulter.)

DAVID

On le prends-tu à la meunerie?

(Roger va ouvrir la bouche, mais son père lui coupe la parole.)

DAVID, *à l'Indien*

Tit-gars, tu vas travailler avec nous autres. On va t'apprendre à faire des moulées, hein, Roger?

(L'Indien semble surpris.)

ROGER, *sans enthousiasme*

On a déjà quatre employés...

CÉCILE, *mécontente*

Ben oui, David...

DAVID

Y a Lucien qui veut aller se faire examiner à l'hôpital. I' attendait rien que ça, que je le remplace...

ROGER

Pas pour longtemps!

DAVID

Après on verra! Maudit, i' est arrêté pour me ramasser quand personne d'autre arrêtait, i' sera pas dit que j'y rendrai pas service moi aussi.

(L'Indien s'est levé et secoue vivement la tête.)

DAVID

Pas d'histoire. On est vendredi, tu commenceras lundi.

ROGER

C'est congé, lundi...

L'INDIEN, *gêné*

Je disais pas ça pour...

DAVID

Tu peux toujours essayer? Si t'aimes pas ça, tu t'en iras. Pour ce soir, i' pourrait ben coucher icitte, hein Cécile?

CÉCILE, *protestant*

C'est parce que...

L'INDIEN, *prêt à s'en aller*

Non, non...

DAVID

Y a la chambre à Bernard... *(À l'Indien.)* Mon autre garçon qui travaille à Montréal.

ROGER, *irrité*

Popa, Mariette devait coucher là, à soir!

MARIETTE, *vivement*

Oh! je peux rentrer à la maison!

(David lui sourit.)

DAVID, à *l'Indien*

Tu vois, y a pas de problème. Demain, on te trouvera une chambre dans le village.

(L'Indien parvient enfin à dire ce qu'il veut.)

L'INDIEN
Si c'était possible... plutôt une vieille cabane quelque part...

DAVID
T'aimerais mieux ça?

L'INDIEN
Une cabane à sucre qui sert pus?.. Vous disiez qu'il y avait des bois dans la région.. Les bois, j'aimerais ça...

(David rit et lui donne un coup de poing amical sur le bras.)

DAVID
Maudit sauvage!...

(L'Indien rit.)

CÉCILE
Une cabane à sucre, ça sera pas habitable ben longtemps! On est en octobre...

MARIETTE
Pourquoi vous lui passeriez pas la petite maison que vous avez dans les Soixante, M. Lanthier?

DAVID
La maison paternelle?... C'est ben trop vrai. *(À l'Indien.)* Justement, est à l'orée du bois.

LOUISE
Pis a' sert à personne!

(Cécile prend Roger à témoin.)

CÉCILE, *protestant*

Mais elle est toute en démanche, c'te maison-là!

DAVID

Elle a pas été habitée depuis longtemps, j'sais pas si...

MARIETTE, *avec entrain*

Aie, on va-tu la voir tout de suite? *(À Louise.)* On y va-tu? *(À l'Indien.)* Aimerais-tu ça?

(L'Indien acquiesce en souriant.)

CÉCILE, *agacée*

Hé! qu'est jeune!

MARIETTE, *convaincante*

C'est à côté de chez nous, Ma'me Lanthier, Roger pourra me laisser à la maison, hein, Roger?

LOUISE, *amusée*

Ça doit être plein de chauves-souris!

CÉCILE, *mécontente*

I' doit même pus avoir d'électricité!

DAVID

En tout cas, l'eau avait été coupée, ça, je m'en rappelle. Mais ça peut s'arranger.

CÉCILE

Cout' donc, j'y pense, vous avez pas d'auto! *(À David.)* Puisque la nôtre est au garage...

MARIETTE, à *l'Indien*

On pourrait prendre la tienne?

L'INDIEN, *vivement*

Oui, oui!

MARIETTE, à *Roger*

Apporte une flashlight!

ROGER, *hésitant*

Veux-tu me dire?...

MARIETTE

On fait toujours la même chose. Ça ferait changement!

(Il se laisse entraîner. Mariette et Louise vont mettre leurs manteaux.)

MARIETTE, à *l'Indien souriant*

Viens-tu?

DAVID

Attendez, bande de fous! *(Sortant une clé de son trousseau.)* Une clé, ça serait commode pour entrer.

(Roger revient. David offre une clé à l'Indien qui le regarde, mais ne tend pas la main. Roger va la prendre, mais David secoue la tête.)

DAVID, à *l'Indien*

Toi...

CÉCILE, *de plus en plus mécontente*

À Roger, voyons donc! Il la connaît c'maison-là.

(David prend la main de l'Indien, et la referme sur la clé.)

DAVID

Comme preuve de ma confiance.

(Roger se détourne. L'Indien accepte en silence. Ils s'éloignent. Cécile se met à faire de l'ordre nerveusement: vider les cendriers, les nettoyer avec un Kleenex, ramasser les verres, essuyer les cendres, etc. La porte d'entrée se referme.)

CÉCILE, *irritée*

Pourquoi tu lui donnais pas ta chemise pendant que tu y étais?

DAVID, *se calant dans son fauteuil*

Ouf! Ça m'a secoué c't'accident-là...

CÉCILE

Le faire coucher dans la maison! Un parfait inconnu!

DAVID

Mais ce qui m'a le plus secoué, je pense, c'est de voir que personne arrêtait... Ça prend-tu des écoeurants!

CÉCILE

Un Indien!.. Qu'est-ce qu'on sait d'eux autres?

DAVID

J'avais beau appeler, crier, me démener comme le beau yable...

CÉCILE

L'engager à la meunerie... J'sais ben pas c'que le monde va dire!

DAVID, à *Cécile*

Comprends-tu ça toi que personne arrêtait?

CÉCILE, *haussant les épaules*

Avec tout ce qui se passe, c'est pas ben étonnant! En tout cas, moi, je serais pas arrêtée, certain!

DAVID

Moi, je le sais pas, c'est ben ça qui me tracasse! Maudit, qu'est-ce qu'on est en train de devenir, donc, nous autres?

CÉCILE

Écoute! En pleine nuit, par les temps qui courent...

DAVID

Ouais, ouais, mais ça m'écoeure de penser que j'aurais pu continuer, quand lui, i' s'est arrêté, quand lui, i' a pas eu peur...

(Cécile acquiesce mollement. Perplexe.)

CÉCILE, *après une pause*

T'en étais-tu aperçu avant qu'il le dise que c'était un... un Indien?

DAVID, *secouant la tête*

Je l'avais pris pour... je sais pas...

CÉCILE

Un néo-Canadien?

DAVID

Plutôt un fils de néos, vu qu'il parle comme nous autres. Comment c'est que tu veux?... C'est mon premier!

CÉCILE, *perplexe*

Moi, si...

DAVID, *mal à l'aise*

C'est drôle, parce qu'ils doivent quand même être un certain nombre? Depuis le temps que... qu'on leur a volé leur pays...

CÉCILE, *protestant*

Volé!...

DAVID

Comment c'est que t'appellerais ça, d'abord?

CÉCILE, *mauvaise foi évidente*

Ben.. On est venus... La civilisation...

DAVID

Lâche-moi, toi, on n'est pus à la petite école! *(Brusquement accablé.)* Ouf! Je suis fatigué tout à coup...

CÉCILE, *bourrue*

Monte donc te coucher aussi, au lieu de parler pour rien dire. Viens, viens, je vas t'aider...

(Elle l'aide à se lever.)

CÉCILE

Comment c'est qu'il s'appelle, ton Indien?

DAVID, *s'arrêtant*

Ah! ben ça, c'est pire!... Maudit, je suis comme un autre, à soir, moi! J'ai même pas pensé à lui demander son nom...

(Couper sur l'Indien. C'est le lendemain dans une très vieille petite maison canadienne. Pièce qui était autrefois la cuisine où on y trouve encore un vieux poêle et un évier très abîmé. Aussi une vieille table, une ou deux chaises. L'Indien est appuyé sur un balai. David fait couler l'eau du robinet.)

L'INDIEN

Pierre Mathieu...

(Inclure le visage étonné et presque déçu de David, qui ferme le robinet et s'essuie les mains avec son mouchoir.)

DAVID

C'est pas indien! Je suis sûr que t'as un autre nom.

PIERRE

À la réserve, oui.

(David acquiesce.)

DAVID

Qu'est-ce que c'est?

(L'Indien secoue la tête, refusant de parler.)

DAVID

Quand on se connaîtra mieux d'abord... De même ça fait ton affaire, asteure que l'eau est installée? T'as ben nettoyé ça. Où t'as pris le balai?

L'INDIEN

Mariette...

DAVID

C'est vrai, c'est ta voisine.

(David qui a rassemblé ses outils, prend sa canne qu'il avait appuyée contre l'évier.)

DAVID

La table était icitte? *(L'Indien acquiesce.)* Ça doit être le dernier locataire qui l'a laissée là. Est-ce qu'il y avait autre chose?

L'INDIEN

Les chaises...

(David a marché vers le poêle dont il soulève machinalement une des plaques rondes.)

DAVID

Le poêle, par exemple, c'était le nôtre, je le reconnais!... Elle en a tu fait des crêpes de sarrasin, ma mère, là-dessus! Maudit qu'on était pauvres... Il m'semble que c'est pas possible d'avoir été pauvre de même...

L'INDIEN

C'est encore possible...

DAVID, *qui regarde toujours le poêle*
Non, non, pas comme c'était pendant la crise...

L'INDIEN, *brusquement*
Pour nous autres, ç'a pas changé.

(David, saisi par le ton se tourne pour le regarder. L'Indien gêné, s'éloigne de quelques pas.)

L'INDIEN
I' veulent toujours qu'on vive comme les Blancs... qu'on se mêle à eux autres... qu'on devienne comme eux autres, mais... mais la vie d'un Indien «su l'marché du travail» comme i' disent... La vie d'un Indien dans une ville, j'pense qu'ils savent pas c'que c'est! Pis vous non plus!

DAVID
Pourquoi... Pourquoi ça serait pire que pour les autres?...

L'INDIEN
Je les ai quasiment toutes faites les villes! Baie-Comeau, Sept-Îles, Rimouski, Québec... Pis Montréal depuis deux ans... C'est partout pareil.

DAVID, *mal à l'aise*
C'est pas rien que pour vous autres le chômage, c'est pour tout le monde.

(L'Indien secoue la tête.)

(Couper sur Mariette qui fait signe à sa sœur de se dépêcher. Elles sont dehors devant la maison de Mariette, qui surveille les alentours. Suzanne la rejoint portant un paquet qu'elle donne à Mariette.)

MARIETTE

T'as ben pris du temps...

SUZANNE

Maman sortait pus de la cuisine! J'ai eu toute la misère du monde à fouiller le frigidaire sans qu'a' s'en aperçoive.

MARIETTE

Viens vite!

(Au moment où elles vont se mettre en marche vers la maison de l'Indien, le père sort de la grange et les interpelle. Mariette cache vivement le paquet.)

LE PÈRE, *méfiant*

Où c'est que vous vous en allez par là, vous autres?

MARIETTE, *s'arrêtant, les yeux au ciel*

I' fait beau! On marche...

LE PÈRE

J'vous l'ai dit que j'voulais pas vous voir rôder dans l'bout de l'Indien! On le connaît pas ce gars-là, pis je tiens pas à le connaître.

MARIETTE, *excédée*

On prend l'air, popa!

LE PÈRE

Dans ce cas-là, changez d'bord! L'air est aussi bonne d'un bord comme de l'autre.

MARIETTE

Hé! qu'i' est donc...

(Elles rebroussent chemin.)

(Couper sur David et l'Indien.)

L'INDIEN

Les derniers engagés, les premiers slaqués, les moins bien payés...

DAVID, *s'emportant*

Voyons donc, comment ça s'fait?

L'INDIEN

Je l'sais pas... P't-être parce qu'on est pas comme les autres, le monde pense qu'on est moins bons que les autres?... C'qui a de pire, c'est qu'on finit par le penser, nous autres aussi.

DAVID, *protestant*

Ça, c'est ben la dernière chose à faire! Comment c'est que tu veux arriver à quelque chose si t'as pas confiance en toi?

(Il se lève.)

DAVID

Une chose certaine, en tout cas, c'est que t'as

ben fait de lâcher la ville. Tu vas être ben mieux icitte! C'est moins distrayant, mais y a du bon monde... Et puis la rivière d'un bord, le bois de l'autre, qu'est-ce qu'on peut demander de mieux, une fois qu'on gagne de quoi manger?

(Le visage de l'Indien dit assez à quel point il est d'accord. Ils marchent vers la porte.)

DAVID
I' te manque rien que l'électricité, mais pas pour longtemps...

L'INDIEN, *secouant la tête*
Ça coûte cher pour rien.

DAVID, *étonné*
Mais la radio? La télévision?

(L'Indien rit.)

DAVID
Le téléphone non plus?

(L'Indien secoue la tête.)

DAVID
Maudit, sais-tu que tu vas être ben toi? J'vas venir te voir quand je voudrais avoir la paix!

(Ils arrivent près de la porte. David s'exclame.)

DAVID
Creyez!... Ça, c't'un beau fusil!

L'INDIEN, *content*
Ça fait longtemps que je l'ai...

DAVID

J'ai ben pensé hier quand t'as parlé de la Côte-Nord, que tu devais être un peu chasseur, toi si!

L'INDIEN

Mon père était guide. On a appris avec lui, mes frères pis moi. J'ai même passé deux hivers à trapper avec lui...

DAVID

Maudit chanceux!

L'INDIEN

C'était un des meilleurs trappeurs de la Côte-Nord, mon père.

(David admire le fusil.)

DAVID

I' est ben beau!

(L'Indien prend le fusil et le lui offre spontanément.)

L'INDIEN

I' est à vous...

DAVID, *riant*

Pis je te priverais d'aller chasser? J'pense pas moi! Malheureusement dans nos bois, tu trouveras pas de gros gibier...

(Il lui remet le fusil.)

DAVID

Garde-le, mon vieux, j'ai le mien à la maison. Une bonne fois, on pourrait peut-être y aller dans le

Nord, tous les deux?... Quand ma patte me fera pus mal! J'aimerais ben ça...

(L'Indien lui fait un large sourire plein d'amitié.)
(David ouvre la porte. Mariette qui allait frapper, recule avec étonnement. Sans doute un peu confuse de le trouver là.)

MARIETTE

M'sieur Lanthier? Comment c'est que vous êtes venu?

(Elle regarde autour d'elle.)

DAVID, *amusé*

Roger m'a amené. *(Désignant l'Indien.)* Mais c'est lui qui va me reconduire. *(À l'Indien.)* Je regrette de te faire manquer de la si belle visite!

MARIETTE

Oh! J'étais juste venue lui porter une pointe de tourtière que maman a faite, vu qu'i' a pas encore ce qu'il faut pour se faire la cuisine.

(L'Indien la remercie d'un sourire et va porter le paquet à l'intérieur. Mariette continue à parler vivement pour meubler le silence.)

MARIETTE

À matin, il voulait aller chercher ses affaires à Montréal, mais j'y ai dit qu'i' ferait mieux de nettoyer la maison d'abord... Les hommes, hein, ça connaît pas ça.

(L'Indien reparaît.)

MARIETTE

Mais je suis là qui parle. Bonjour là! À bientôt!

(Elle s'éloigne vivement mais s'arrête presque aussitôt.)

MARIETTE

Avez-vous entendu les dernières nouvelles? Paraît qu'ils vont faire venir l'armée! Aie, l'armée c'est quéque chose!

(Elle repart. Le visage de David s'est assombri. Moment de silence. David soupire et se tourne vers une branche d'arbre rouge ou jaune qu'il regarde soudain avec une sorte de caresse dans le regard.)

DAVID, *soupirant*

Un si bel automne... Je sais pas si y a encore du monde qui s'en aperçoit.

(Passer de son visage à celui de l'Indien qui regarde autour de lui avec la même tendresse.)

(Couper sur une auto qui arrive devant la maison de Mariette. C'est la nuit. L'auto s'arrête. Roger est au volant, Mariette à côté de lui. Ils poursuivent une conversation déjà commencée.)

ROGER

...puisque la maison des Bouchard est à louer...

(Mariette n'écoute qu'à moitié et cherche à voir quelque chose à travers la fenêtre. Musique à la radio.)

ROGER

T'as toujours dit que t'aimerais ça, rester au bord de la rivière... *(Agacé.)* Mariette!...

MARIETTE, *sursautant*

Oui, oui! Je faisais rien que regarder si y avait de la lumière chez Pierre...

ROGER

Qu'est-ce que ça peut bien te faire?

MARIETTE

Un nouveau voisin, c'est toujours intéressant! *(Elle rit.)*

(Roger, irrité, tourne la manette de la radio. Musique très forte.)

MARIETTE, *protestant*

Roger!

ROGER

Puisque tu m'écoutes pas!

(Mariette ferme la radio.)

ROGER

Aie, aie, ferme la pas, il va y avoir des nouvelles!

(Il remet le son. Musique en sourdine.)

MARIETTE, *excédée*

T'as passé la journée à les écouter!

85

ROGER

Maudit, c'est important! *(Y renonçant.)*

(Il soupire et coupe le son. Il se rapproche d'elle, se fait tendre. Joue avec une de ses boucles d'oreilles.)

ROGER

On peut-tu au moins parler de not'mariage?

MARIETTE, *reculant, mal à l'aise*

T'es bien pressé tout à coup?

ROGER, *se rapprochant*

Mariette! Ça fait deux ans qu'on y pense!

(La boucle d'oreille est tombée.)

MARIETTE, *protestant*

Hé toi! Que j'haïs donc ça quand tu joues avec mes pendants d'oreilles.

(Roger, confus, ramasse vivement le bijou que Mariette remet aussitôt en place. Il se rapproche de nouveau.)

ROGER

Tout le monde est d'accord, tout le monde attend rien que ça! Popa en a encore parlé à soir...

MARIETTE

Ouais! T'as pas vu son air moqueur?

ROGER *soupire*

On voit ben que c'est pas lui qui attend!

(Un temps. Roger tourne la manette de la radio.)

COMMENTATEUR

...à la suite de l'enlèvement spectaculaire, au début de l'après-midi...

ROGER, *déçu*

C'est commencé!

COMMENTATEUR, *qui a continué*

...du ministre de l'Immigration et du Travail, par une nouvelle cellule du Front de Libération...

MARIETTE, *toute à ses pensées*

De tout' façon...

ROGER, *avec un geste*

Chut!...

MARIETTE, *irritée*

Si ça t'intéresse pas plus que ça...

(Elle ouvre la portière de l'auto pour descendre. Roger la retient.)

ROGER, *suppliant*

Minute! Une minute!

MARIETTE, *s'exclamant*

Le v'là!

(Elle referme la portière. Roger a tourné la tête du côté où regarde Mariette. On voit passer l'auto de l'Indien, suivie d'assez près par une autre voiture de type sedan à quatre portes, modèle datant de quelques années. Le commentateur, qui ne s'est pas arrêté, poursuivra la lecture de son bulletin pendant les images qui suivront.)

COMMENTATEUR, *même jeu*

Cet enlèvement, survenu immédiatement après le refus opposé par le ministre de la Justice aux conditions fixées par les terroristes pour la libération du diplomate britannique, démontre sans contredit les intentions bien arrêtées des terroristes d'aller jusqu'au bout de leurs menaces. Commentant l'allocution prononcée ce soir par le premier ministre...

ROGER

Apparemment i' est pas tout seul...

MARIETTE

I' a dû s'emmener des amis pour l'aider dans son déménagement.

COMMENTATEUR

...les observateurs politiques ont tous souligné le changement de ton et de contenu qui s'est produit en vingt-huit heures dans l'attitude du gouvernement.

(Les deux autos se sont arrêtées devant la maison de l'Indien. Trois hommes en sont descendus. On les voit, à la lueur de leurs phares, transporter des caisses, oreillers, et ce qui pourrait être un tapis ou un matelas roulé. La scène est en vue de l'automobile où sont assis Roger et Mariette, pendant que le commentateur poursuit son bulletin de nouvelles.)

COMMENTATEUR

Il n'est plus question maintenant de refus catégorique. Tout laisse croire au contraire, que le gouvernement ne restera pas insensible à l'injonction contenue dans la lettre de la victime qui mentionnait, on s'en souvient: «Le plus important, c'est que les autorités bougent»...

ROGER
Qu'est-ce qu'i' peuvent bien transporter de même?

MARIETTE
Quoi?... Ferme ça si tu veux que je t'entende...

ROGER, *protestant*
Maudit...

(Il avance vers la radio une main hésitante.)

COMMENTATEUR
Par ailleurs, les forces policières qui ont reçu l'ordre de...

(Roger se résigne et coupe brusquement le son.)

ROGER, *maussade*
C'est drôle quand même qu'il soit allé à Montréal juste aujourd'hui...

MARIETTE
Fallait ben qu'il aille chercher ses affaires!

ROGER, *se ravisant*
Ben oui, ben oui!...

MARIETTE, *comprenant soudain*
Toi par exemple...

ROGER, *vivement*
Ça m'a rien que passé par la tête. Oublie ça!

MARIETTE

T'es mieux de l'oublier toi-même! Bon, ben, t'es trop niaiseux à soir, j'm'en vas me coucher.

(Elle ouvre brusquement la portière. Roger la retient.)

ROGER

Mariette!... Même pas un p'tit bec?

(Mariette hausse les épaules et l'embrasse rapidement.)

MARIETTE

Es-tu content là?

ROGER, *tristement*

Trouves-tu qu'il y a de quoi?

MARIETTE, *riant, mal à l'aise*

Une autre fois...

(Elle lui tapote la joue et sort de l'auto. Dernier regard du côté de la maison de l'Indien où s'éteignent soudain les phares des deux autos. On ne voit plus que la lumière de la lampe éclairant les fenêtres. Roger allume aussitôt ses propres phares et descend la vitre de sa fenêtre.)

ROGER

Hé! Oublie pas que c'est congé demain...

MARIETTE

Pour toi peut-être, mais pour moi ça reste un lundi comme les autres avec un lavage pis un repassage.

(Riant.) Tu le sais pas encore que pour les femmes, y en a pas de Jour d'action de grâces?

(Couper sur le bois éblouissant de couleur où l'on voit Mariette et l'Indien de dos, marchant l'un près de l'autre. La main de Pierre sur l'épaule de Mariette. Il tient son fusil dans l'autre main. Mariette parle avec entrain suivant son habitude, et Pierre écoute avec un demi-sourire.)

MARIETTE

Je te le dis que les gens commencent à parler de toi. Hier après la messe, y a un tas de monde qui venait nous trouver! «Pis, comment ce que vous aimez ça, avoir un Indien comme voisin?»

(L'Indien s'arrête et la regarde. Inquiétude.)

MARIETTE, *haussant les épaules*

Des grosses farces! Prépare-toi à te faire regarder un peu de travers les premiers temps. Ils vont te guetter tu comprends ben, ils t'accepteront pas tout de suite de même... Mais ils vont se calmer, pis tu vas voir que...

(Mais Pierre ne l'écoute plus. Il a vu quelque chose derrière l'épaule de Mariette, et se met un doigt sur la bouche.)

91

MARIETTE, *croyant baisser la voix*

T'as vu quelque chose?

(Pierre qui se prépare à épauler lui fait de nouveau signe de se taire. Mariette se retourne.)

MARIETTE, *s'exclamant*

Je vois rien!

(Bruit d'une perdrix qui s'élève dans les feuilles.)

MARIETTE

Une perdrix!

(Pierre qui se préparait à tirer abaisse son fusil.)

MARIETTE, *désolée*

Manquée!

(Pierre se met à rire la prend par les épaules et l'entraîne.)

(Couper sur la salle d'entrée de la meunerie où les hommes font la moulée. Les uns transportent des sacs, les autres les vident dans le mélangeur à moulée. Les hommes, sauf l'Indien regardent de temps à autre l'horloge qui marque midi moins cinq. On entend la musique de la radio. David sort de son bureau dont la porte donne sur la salle d'entrée. Il vient rejoindre Roger. Tous deux

parlent fort à cause du son de la machine. Ils sont tous revêtus d'un vêtement de travail blanc.)

DAVID
C't'après-midi, il faudra me faire de la moulée laitière.

ROGER
J'attendais que les protéines arrivent.

DAVID, *aux autres*
Midi les gars...

(Le mélangeur cesse de fonctionner. L'Indien dépose le sac qu'il portait. Les hommes s'en vont. Roger interpelle un employé qui s'arrête.)

ROGER
Hé! Paquet! T'oublieras pas qu'on va à Montréal c't'après-midi. Pense à ta liste de commande c'fois-là.

PAQUET, *s'en allant*
O.K., O.K.!

DAVID, à *l'Indien*
Pis, comment tu t'arranges?

(L'Indien répond par un sourire qui indique que tout va bien.)

DAVID
Où vas-tu manger?

L'INDIEN
J'ai mon lunch...

DAVID
J'avais oublié de te dire qu'on ferme toujours le midi.

L'INDIEN
Je vas aller le manger à la maison.

(Roger vient les rejoindre.)

ROGER, à *son père*
On y va?

DAVID, à *l'Indien*
Si y a quéque chose que tu comprends pas, t'as rien qu'à demander à Roger. C'est le meilleur contremaître que j'ai jamais eu.

(Roger s'épanouit. À la radio, musique annonçant le bulletin de nouvelles.)

DAVID, *s'exclamant*
Tiens, la belle Mariette!...

(Roger et Pierre se retournent. Mariette vient les rejoindre.)

MARIETTE
Bonjour!... Y a-tu quelqu'un qui s'en va de mon côté? Je suis venue au village avec popa, mais i' a été obligé de continuer vers Sorel...

COMMENTATEUR
Bonjour Mesdames et Messieurs...

(Roger se tourne irrésistiblement vers l'appareil, tout en répondant.)

ROGER

Je vas aller reconduire popa, pis après...

DAVID

Y a Pierre qui retourne chez lui, il pourrait te laisser en passant...

MARIETTE, *apparemment indifférente*

Ça m'fait rien...

(Elle regarde Pierre qui acquiesce en souriant.)

COMMENTATEUR

Il semble que les négociations entre le gouvernement et le Front de Libération soient dans l'impasse...

MARIETTE, à *Pierre*

Allons-y, d'abord... *(Aux autres.)* Bonjour là...

(Ils s'éloignent. David regarde son fils qui a l'air figé sur place et se dirige vers l'appareil de radio.)

COMMENTATEUR

Par ailleurs, malgré le nombre d'opérations policières, on est toujours dans le mystère le plus complet au sujet de l'endroit où les ravisseurs détiennent leurs victimes...

(David coupe le son.)

ROGER, *amer*

Une belle idée de les avoir envoyés ensemble!

DAVID, *revenant*

Pourquoi pas?

ROGER, *avec rancœur*

Son manteau neuf, un matin de semaine!... Pensez-vous que c'est pour moi?

DAVID

Si c'est vrai, tu serais aussi ben de le savoir tout de suite, tu penses pas?

ROGER, *protestant*

Vous aimez pas Mariette!

DAVID, *affectueusement*

C'est toi qui l'aimes trop, tit-gars.

ROGER, *brusquement*

Prenez-moi pas pour un fou! Je sais tout' à quoi m'en t'nir sur elle!

(David le regarde un moment. Étonnement et admiration.)

DAVID, *affectueusement*

C'est vrai que t'es pas le genre à te conter des histoires.

ROGER, *mi-dépité, mi-moqueur envers lui-même*

Vous me donnez pas grand-chance!

DAVID, *se met à rire*

Viens... Faut ben manger quand même!

(Il l'entraîne en le tenant par les épaules.)

(Couper sur l'Indien qui mange, assis sur une marche devant la porte de sa maison. Il s'arrête soudain avec un sourire. Mariette entre dans le champ de la caméra. Il lui fait une place à côté de lui.)

MARIETTE

Je t'ai vu arriver, mais j'ai pas pu v'nir plus vite parce que moman avait besoin de moi... M'attendais-tu?

L'INDIEN, *hésitant*

Nnnon...

MARIETTE

Oh! Je t'avais dit hier que je viendrais...

(Il lui offre un sandwich.)

MARIETTE

Merci, je sors de table. C'est une bonne idée de manger dehors pendant qu'il fait encore beau...

(Elle tend son visage au soleil. Il la regarde. Tendresse.)

MARIETTE

Aie! demain l'hiver, penses-y!...

(Un temps heureux. Mariette soupire d'aise, puis se tourne vers lui. Ils se sourient.)

MARIETTE

Pis à la meunerie, aimes-tu ça? Transporter des gros sacs de même toute la journée, faut être fort...

(Elle lui tâte les biceps.)

MARIETTE

Wow! T'es ben plus fort que Roger!

(Il secoue la tête à regret.)

L'INDIEN

C'est pas c'force-là qui compte...

(On entend le bruit d'un tracteur qui approche.)

MARIETTE, *s'affolant*

Onche! V'là M'sieur Robidoux avec son tracteur.

(Réaction de l'autruche. Se cacher la tête contre la poitrine de l'Indien qui se met à rire. Son du tracteur qui passe. Mariette relève la tête.)

MARIETTE

I' est-tu passé?

L'INDIEN

Pourquoi tu t'caches?

MARIETTE

Parce qu'i' irait dire à tout le monde qu'i' m'a vue icitte, c't'affaire! Penses-tu que Roger serait content? *(Se ravisant, vivement gênée.)* Mais c't'à cause de popa surtout!... *(Imitant son père.)* «Que j'en vois pas une de voùs autres m'amener c't'Indien-là icitte!»

(Toujours la même chanson, semble dire le demi-sourire un peu triste de l'Indien qui pourtant ne proteste pas.)

MARIETTE, *vivement*

Fâche-toi pas hein? I'est tellement bête des fois!

C'était pas pour moi qu'i' disait ça d'abord, vu que moi, i' pense que je vas marier Roger...

L'INDIEN

Pis toi?

MARIETTE, *soupirant*

Je l'sais pus! J'pense que j'me marierai pas...

(Ils se regardent un moment, gravement, comme s'ils s'interrogeaient là-dessus et soudain se mettent à rire, contents l'un de l'autre, contents d'être ensemble.)

(Au comptoir d'un garage. L'Indien paie un compte d'essence. Le garagiste lui rend sa monnaie. On entend le commentateur à la radio.)

COMMENTATEUR

...que le Gouvernement a fait appel à l'armée pour assurer la protection de la population et des édifices publics, ajoutant que les ressources et les moyens matériels de la police ont été pleinement mis à contribution.

(Son de la porte d'entrée qui s'ouvre et se ferme. Avec sonnette appropriée.)

LE GARAGISTE

Si c'est pas, pépère Gagnon!...

COMMENTATEUR

Veuillez rester à l'écoute pour de plus amples informations.

(Musique à la radio.)

(L'Indien sort. Les deux hommes l'ont suivi des yeux.)

GAGNON

Qui c'est ce gars-là?

LE GARAGISTE

C'est l'Indien qui travaille à la meunerie.

GAGNON

Ah! c'est lui... Je l'ai vu dans le bois, lundi, en revenant de fermer ma cabane à sucre.

LE GARAGISTE

Dans le bois?

GAGNON

I' était avec la belle Mariette, la blonde au jeune Lanthier.

LE GARAGISTE

Dans le bois, hein? Sais-tu que c'est la police qui serait intéressée à savoir ça?

GAGNON, *étonné*

La police?

LE GARAGISTE, *important*

I' recherchent toujours leu' terroristes, eux autres! Ça fait deux fois qu'ils viennent me voir...

GAGNON, *qui n'en croit pas un mot*

Désiré Meloche!

LE GARAGISTE, *piqué*

I' vont dans tous les villages, c'est ben sûr...

GAGNON

I' trouveront rien par icitte.

LE GARAGISTE

C't'encore drôle! Du monde de la ville, i' en vient de plus en plus dans les campagnes. Comment c'est que t'en as vu des barbes pis des ch'veux longs c't'été? C'est parmi c'monde-là qu'i' cherchent, tu comprends ben, c'est pas parmi nous autres!

GAGNON, *perplexe*

À c't'heure qu'i' ont fait v'nir l'armée, ouais, ça leu' donne le temps de fouiller la province.

LE GARAGISTE

Moi, je leu' donne tous les renseignements que je peux glaner icitte et là. Ça fait que si tu revois l'Indien dans le bois...

GAGNON, *stupéfait*

Aie! Aie! Tu l'connais même pas c'te gars-là!

LE GARAGISTE

C'est ben en quoi! Faut le surveiller.

GAGNON

Woe donc, Désiré Meloche, woe donc! Ils sont pas loin de douze mille polices pour faire c'job-là, sans compter l'armée, ça fait que je suis pas pour me mettre moi en plus à achaler le monde, comptes-y pas!

(Il met un billet de deux dollars sur le comptoir avec énergie.)

GAGNON

Salut ben, chouayen!

(Il sort rapidement.)

(Couper sur Mariette et Pierre dans la maison de l'Indien. Il boit un café. Mariette porte un imperméable, ils sont assis de chaque côté de la table.)

MARIETTE

Moman était pas contente. «Reste donc icitte! Y a menace de pluie»... J'ai ben peur qu'à' commence à se douter de quéque chose. Mais moi, si j'en profite pas pour venir à c't'heure-citte, quand c'est que je pourrai te voir?...

(Ils se regardent un moment. Sourires. Mariette se lève pour enlever son imperméable et s'arrête soudain, mi-étonnée, mi-horrifiée.)

MARIETTE

Qu'est-ce que c'est ça?

(Couper sur trois fusils appuyés sur le mur.)

L'INDIEN, *surpris*

Ils sont là depuis dimanche, tu les avais pas vus?

(Mariette se dirige vers les fusils.)

MARIETTE

l' a fait beau tous les jours, on restait dehors...

L'INDIEN

Ces deux-là sont à mes frères qui vont venir en fin de semaine...

(Elle veut en prendre un.)

L'INDIEN, *la retenant*

Joue pas avec ça.

MARIETTE

M'en prêterais-tu un quand on ira dans le bois? Aie, tu devrais m'apprendre à tirer! J'peux pas croire, avec une affaire de même dans les mains, faudrait ben que je sois brave!

(Ils retournent s'asseoir en face l'un de l'autre, séparés par la table.)

MARIETTE

J'te l'ai-tu déjà dit que j'étais ben peureuse? Le

bois par exemple, penses-tu que j'y mettrais les pieds toute seule? Jamais!...

(Il lui ébouriffe les cheveux en riant d'elle. Elle se laisse faire.)

MARIETTE

Aie, même le silence me fait peur! Le silence des rangs la nuit, quand je suis couchée, là, c'est ben simple, y a des fois, je pourrais crier pour pus l'entendre!

(Il lui caresse la joue.)

L'INDIEN

Le silence, c'est pas rien qu'aux femmes que ça fait peur...

MARIETTE, *protestant*

Pas toi!

L'INDIEN

Des fois...

(Mariette le regarde avec étonnement, puis secoue la tête.)

MARIETTE

J'te crois pas!... De toute façon à c't'heure que t'es là, c'est pus pareil...

(Elle frotte sa joue contre sa main.)

MARIETTE, *gravement*

Non, c'est pus pareil...

(Couper sur l'entrée de la meunerie. Paquet sort d'un camion les sacs que l'Indien et un autre employé vont ranger à l'intérieur. David paraît, crayon sur l'oreille, papiers de commande à la main.)

DAVID, *soucieux*

Achevez-vous de décharger? Perdez pas de temps, les gars. Faut que vous soyez en ville à deux heures.

PAQUET

Y a le temps en masse.

DAVID

Pas si la police s'avise de vous arrêter en cours de route pour fouiller le camion.

PAQUET, *s'arrêtant surpris*

Pourquoi que...?

DAVID, *impatient*

Ben, c't'arrivé à Valade à matin, j'viens juste d'y parler. Avec la loi des mesures de guerre, paraît qu'on peut s'attendre à tout!

PAQUET

J'ai été assez surpris d'apprendre qu'i' avaient passé c't'loi-là!

DAVID

Oh donc! Oh donc! Vous parlerez en route! *(Il s'éloigne.)*

PAQUET

Ça va être la première fois que je vas en ville depuis que l'armée est là.

ROGER

Si t'aimes ça les soldats, tu vas en voir!

PAQUET

C'est pas que j'aime ça, mais ça fait changement...

ROGER, *subitement*

Tu m'donnes une idée!... J'vas emmener Mariette,
à soir... Elle qui aime ça les affaires pas ordinaires...

*(L'Indien vient prendre un sac devant eux. Paquet
qui allait parler se ravise, mais aussitôt que l'Indien
repart, il se décide, sans toutefois regarder Roger.)*

PAQUET

Ça... ça marche toujours avec Mariette?

ROGER, *saisi*

Pourquoi c'est que...?

PAQUET, *qui ne sait plus quoi dire*

J'sais pas... J'me d'mandais... J'sais pas...

ROGER, *impatient*

Quoi, quoi?

PAQUET, *avec confusion*

C'parce que... C'parce que Mariette... *(Il débite
le reste d'une seule venue.)* C'parce que Mariette pis
l'Indien, ben il paraît qu'ils se rencontrent tous les
jours!

ROGER, *rassuré, haussant les épaules*

Qu'est-ce c'est ça? Il travaille icitte toute la journée,
pis moi j'suis avec Mariette toute la soirée!...

PAQUET, *gêné*

Ben... i' reste l'heure du lunch...

ROGER

Lâche-moi donc avec tes racontars de mémères!

(On entend à la radio la musique qui précède les nouvelles.)

DAVID, *revenant*

Ça achève-tu? I' est midi`...

(L'Indien prend un sac devant Roger.)

ROGER

C'est le dernier.

DAVID

Allez-y.

(Paquet va prendre sa place au volant, suivi d'un autre employé, tandis que Roger et l'Indien ferment les portes du camion.)

COMMENTATEUR

Bonjour Mesdames et Messieurs...

DAVID

O.K., les gars.

(Le camion démarre. Roger et son père se regardent, satisfaits.)

COMMENTATEUR

La loi des mesures de guerre autorisant les forces policières à arrêter quelque personne que ce soit sans mandat d'arrestation...

DAVID, à *l'Indien*

Ça marche?

(L'Indien sourit et s'en va. David se dirige vers l'appareil de radio.)

COMMENTATEUR

... a déjà donné lieu, depuis quatre heures ce matin, à quelques centaines d'arrestations, tant à Montréal qu'à travers le Québec...

DAVID, à *Roger*

Es-tu content de lui?

ROGER, *brusquement*

Allez-vous finir tout ensemble, de me parler de c'gars-là?

(Il sort brusquement. David étonné par le ton, s'arrête et revient sur ses pas.)

DAVID, *appelant*

Roger!

(Mais Roger ne répond pas et David, soucieux, demeure un moment perplexe.)

COMMENTATEUR, *qui a continué*

Cette loi qui, de mémoire d'homme, n'a jamais été décrétée en temps de paix, confère au gouvernement fédéral des pouvoirs si étendus, que certains se demandent si l'état actuel des choses...

(David se dirige de nouveau vers l'appareil de radio.)

COMMENTATEUR

... nécessitait de telles mesures. «Nous n'avions pas le choix», déclare le premier ministre du Québec. «Du moment que les risques d'anarchie paraissent prendre de l'expansion», devait-il ajouter...

(David hausse les épaules et coupe le son.)

(Couper sur Mariette et l'Indien, à cheval sur un tronc d'arbre, tenant chacun un sandwich. Le bois est plus éblouissant que jamais.)

MARIETTE

C'est pas une bonne idée qu'on a eue là? *(Avec un geste pour désigner le décor.)* T'en chercheras des beaux restaurants de même!

(Elle va manger, mais s'arrête pour le regarder.)

MARIETTE

Je suis bien avec toi...

(Ils se regardent.)

MARIETTE

Je suis bien avec toi... C'est drôle, hein, j'te dis un tas d'affaires que je dirai jamais à personne...

(Il hésite à répondre.)

L'INDIEN

Y a longtemps... longtemps, longtemps... j'ai connu une fille comme toi...

MARIETTE

Une Indienne?

(Il secoue la tête.)

MARIETTE

Est-ce que tu l'aimais?

(Il acquiesce.)

MARIETTE

Elle aussi?

L'INDIEN

Oui, mais pas ses frères!... Ils couraient après moi pour me battre.

MARIETTE, *protestant*

Pourquoi?

L'INDIEN

Parce que je suis Indien.

(Il sourit, gêné, tandis que Mariette jette spontanément ses bras autour de son cou.)

MARIETTE

Ben, moi, en tout cas, mes frères t'achaleront pas!

L'INDIEN, *surpris*

Non?...

MARIETTE

Parce que j'ai pas de frères!

(Ils éclatent de rire tous les deux, longuement, irrésistiblement.)

(Couper sur Roger, entrant brusquement dans la maison de l'Indien et regardant autour de lui.)

ROGER, *hésitant*

Y a-tu quelqu'un?

(Silence. Ses yeux font le tour de la pièce jusqu'au plafond sur lequel son regard s'arrête, durci. Fou de colère, il s'élance dans l'escalier.)

(Couper sur Mariette et l'Indien qui rient toujours, leurs visages de plus en plus près. Vont-ils s'embrasser? Non. Pierre se redresse et Mariette qui ne rit plus le regarde, une interrogation dans les yeux.)
(Un temps.)

MARIETTE

C'est à cause de Roger?... Ou bien à cause de son père, vu que c'est lui qui t'a engagé?

L'INDIEN

Il l'sait, M'sieur Lanthier.

MARIETTE

Tu y as parlé?

L'INDIEN

Oui, mais il savait déjà...

MARIETTE, *stupéfaite*

I' l'savait?

L'INDIEN

Tu l'avais dit que les gens me guetteraient.

MARIETTE

I' a pas cherché à t'empêcher de me voir?

L'INDIEN

Non, mais il dit que tu devrais avertir Roger.

MARIETTE, *hésitante*

Toi aussi, c'est ça que tu voudrais que je fasse?

(Il incline la tête, met ses deux bras autour du cou de Mariette et son front contre son front.)

(Couper sur Roger redescendant l'escalier, lentement, comme quelqu'un qui ne sait plus quoi faire. Il se dirige vers la porte, l'âme en peine, et s'arrête soudain devant les fusils. Étonnement, doute, perplexité.)

(Couper sur Pierre et Mariette. Pierre joue avec une des boucles d'oreilles de Mariette. Ils ne se regardent pas.)

MARIETTE

Roger... l' veut rien comprendre, Roger! J'ai essayé de lui dire que je l'aimais pas, que je m'étais trompée... l' écoute même pas!

L'INDIEN

Lui as-tu parlé de moi?

MARIETTE, *secoue la tête*

J'ai eu peur qu'i' te fasse perdre ta place... Du travail, dans le village, t'en trouverais pas d'autre, tu le sais, hein? Pas rien que parce que t'es Indien, parce qu'y en a pas! C'est pas pour rien que tous les jeunes s'en vont à Montréal...

(Ils se regardent avec angoisse.)

MARIETTE

Ça fait que je l'sais pus quoi faire!

L'INDIEN, *bouleversé*

Moi non plus!

(Ils se jettent dans les bras l'un de l'autre, comme des naufragés sur le point de sombrer, et s'embrassent éperdument.)

(Couper sur Roger au garage, se dirigeant vers le garagiste qui parle avec un homme en civil.)

LE GARAGISTE, *désignant Roger*

Ben t'nez, lui, i' pourrait vous le dire, c'est son père qui l'a engagé!

(Le détective sort une carte et la montre à Roger.)

DÉTECTIVE

Sûreté provinciale.

(Roger a un mouvement de recul aussitôt perçu par les deux autres.)

LE GARAGISTE, *paternaliste*

T'as pas besoin d'avoir peur, c'est rien qu'un renseignement qu'on te demande. I' veut savoir quand c'est que l'Indien est arrivé par icitte.

(Roger qui pense aussitôt aux fusils et à Mariette, est partagé entre divers sentiments.)

ROGER

Vous... Vous croyez pas?...

DÉTECTIVE

On cherche!... On cherche n'importe quoi qui pourrait être différent de ce qui se passait dans le village avant les enlèvements...

ROGER, *inquiet*

Mais ça voudrait pas dire...

LE GARAGISTE, *agacé*

Parle donc!

DÉTECTIVE, *impatient*

Quel jour qu'i' est arrivé, pis laisse faire le reste.

ROGER, *cherchant, nerveux*

C'tait... jeudi?... Non, vendredi soir dernier... Y a une semaine... *(Surpris.)* Rien qu'une semaine!...

LE GARAGISTE

Raconte-lui donc comment c'est que ton père l'a ramassé su' la grand-route.

(Roger le regarde et comprend soudain que le garagiste cherche avant tout à se rendre intéressant et qu'il ne détesterait pas être l'auteur d'une arrestation sensationnelle. La tentation est forte, assez forte pour que Roger la voie et se ressaisisse.)

ROGER, *sèchement*

Brodez pas d'histoire, M'sieur Meloche, c'est pas de même pantout' que c'est arrivé. *(Au détective.)* C'te gars-là a rendu un gros service à mon père qui v'nait d'avoir un accident...

(Le soir. Devant la maison de Mariette qui attend Roger. Celui-ci arrive en auto. Mariette s'installe tout de suite à côté de lui.)

MARIETTE

Excuse-moi de pas te faire entrer, mais avec tout le monde dans la maison...

(Roger se prépare à démarrer.)

MARIETTE

Non, non, ferme le moteur, on va se parler icitte.

(Elle a un son de voix si résolu que Roger se sent aussitôt envahi par l'angoisse.)

ROGER

Mariette...

MARIETTE

Non, laisse-moi parler la première! C'est ben ben difficile ce que j'ai à te dire, mais faut que je te l'dise...

(Roger se bouche aussitôt les oreilles.)

ROGER

J'veux rien entendre!

MARIETTE, *durement*

Oh! non, Roger Lanthier, tu me feras pas ça jusqu'à la fin de mes jours!

(Elle ouvre la portière. Roger la rattrape.)

ROGER

Reste! reste!... *(Désespéré.)* Mais maudit, qu'est-ce que tu peux ben avoir à me dire de plus qu'hier soir? Du moment qu'on dit à un gars qu'on l'a jamais aimé...

MARIETTE

Ah bon! t'avais entendu malgré que tu te bouchais les oreilles? Ben, ce soir... *(Elle se radoucit.)* Ce soir, j'vas te demander de pus revenir me voir...

ROGER, *souffle coupé*

Ah ben, c'est pire! J'accepte pas! Deux ans qu'on sort ensemble, deux ans qu'on parle de se marier, ça peut pas se casser de même, sans raison!

MARIETTE

Sans raison? Quand je te dis que je t'aime pus?...

ROGER

Si t'aimais quelqu'un d'autre, O.K. mais du moment que t'aimes personne...

MARIETTE, *vivement*

Personne!

ROGER

Personne?...

MARIETTE, *criant presque*

Personne!

(Il la force brusquement à se tourner vers lui.)

ROGER

Regarde-moi au moins en disant ça! Regarde-moi dans les yeux.

(Elle redresse la tête et soutient son regard, comme si elle le défiait. C'est Roger qui s'écroule le premier.)

ROGER, *se détournant*

O.K.... O.K.... J'avais cru parce que... parce que t'as été vue avec l'Indien, j'avais cru que c'était peut-être à cause de lui...

MARIETTE, *trop vivement*

C'est pas à cause de lui!

(Il la regarde, de nouveau empoisonné par le doute. Mariette qui a peur de s'être trahie, détourne les yeux.)

MARIETTE, *moins fermement*

C'est pas à cause de lui...

ROGER

Mariette, si tu mens!...

MARIETTE, *fébrile*

Lâche-moi, cout'donc! J't'appartiens pas après tout! J'pas obligée de rien te dire!

ROGER, *violemment*

Oui, t'es obligée! On traite pas un gars comme une vieille bebelle qu'on jette quand on n'en a pus besoin!

MARIETTE, *mal à l'aise*

Je voudrais pas que tu penses ça. On pourrait encore être amis, si tu voulais...

ROGER, *même jeu*

J'en veux pas d'ton amitié! Si tu comptes sur moi pour faire le bon gars qui accepte n'importe quoi de sa blonde, tu te trompes!

MARIETTE

Dans ce cas-là...

(Elle ouvre la portière. Étonnée de voir qu'il ne cherche plus à la retenir, elle se tourne vers lui.)

MARIETTE

Bonsoir...

ROGER

Bonsoir!

(Elle sort. Mais il ne s'en va pas. Mariette fait le tour de la voiture et vient le retrouver.)

MARIETTE, *gênée*

Tu t'en vas pas?

ROGER, *brusquement*

Pis toi, tu rentres pas à la maison?

MARIETTE, *furieuse*

Quoi? Tu vas-tu te mettre à me guetter, à c't'heure?

(Elle lui tourne le dos et monte les marches. Roger la regarde. Certitude qu'elle va rejoindre l'Indien. Mais il ne dit rien, allume ses phares et pèse sur l'accélérateur au moment où Mariette atteint la porte. Il la regarde une dernière fois et démarre. Mariette soupire de soulagement et revient sur

ses pas. La porte de la maison s'ouvre et le père paraît.)

LE PÈRE, *durement*

Mariette!...

(Mariette dégringole vivement les marches.)

LE PÈRE

Où c'est que tu t'en vas de même?

(Il a descendu les marches pour venir la rejoindre. Mariette recule au fur et à mesure.)

LE PÈRE

Qu'est-ce que c'est ça que je viens d'apprendre, que tu te promènes dans le bois avec l'Indien de la meunerie? Que t'aurais même été vue sortant de sa cabane? Ouais, ouais, ta tante vient de me téléphoner pour m'avertir!

(Mariette étonnée s'est arrêtée.)
(Frayeur. Le père en profite pour s'emparer de son bras et la tirer vers la maison.)

MARIETTE, *ébranlée*

Lâchez-moi!

(Mariette se dégage et recule de nouveau, rassemblant ses forces.)

MARIETTE

Qu'est-ce qu'il vous a fait ce gars-là? Vous le connaissez même pas!

LE PÈRE

I' est pas de ma race! Je veux pas de ça dans ma

famille! Si ç'a du bon sens, lâcher un gars comme Roger pour c'te...

(Mariette, folle de rage, l'interrompt aussitôt et fait un pas vers lui, menaçante.)

MARIETTE

Occupez-vous pas d'ça, le père! C'est pas de vos affaires!

LE PÈRE, *indigné*

Qu'est-ce qui t'prend, mon effrontée? Oh! tu vas d'y goûter!

(Il cherche de nouveau à la ramener de force à la maison, mais Mariette lui échappe.)

MARIETTE

Essayez donc de m'attraper! *(Elle éclate de rire.)* J'ai ben peur que c'est vous qui allez y goûter, parce que je cours plus vite que vous asteure!

(Il fonce sur elle avec rage. Elle le laisse s'approcher, les yeux pleins de malice. Aussitôt qu'il arrive, elle fait un bond de côté et éclate de rire. Il essaie encore. Nouveau bond de côté, nouvel éclat de rire.)

MARIETTE, *jubilant*

Envoyez, courez, courez!

(Il fonce de nouveau, mais de nouveau elle lui échappe.)

MARIETTE

Hein, c'est pus comme c'était? C'est pus comme avant!

(Nouvel éclat de rire. Le père s'arrête. État de rage impuissante.)

LE PÈRE

Je t'aurai ben, ma p'tite maudite! T'es pas majeure, souviens-toi-z-en!

(Le rire s'éteint sur le visage de Mariette. Elle fait un pas vers lui, le défiant.)

MARIETTE

Qu'est-ce que ça vient faire?

LE PÈRE

Tu le sais pas que je pourrais te faire arrêter par la police, espèce de coureuse? Pis ton gars avec, tu le sais pas? C'est pas ben difficile par les temps qui courent de faire arrêter le monde!

MARIETTE, *éclatant de rire*

Écoutez-le donc! Le radio vous monte à la tête, pauvre popa! Vous pensez pas qu'est assez occupée comme est là, vot' police?

LE PÈRE

C'est ce qu'on va voir, ma 'tite fille! Tu perds rien pour attendre!

(Il remonte l'escalier. Le rire de Mariette se fige. Serait-il sérieux? Elle secoue la tête et se remet à rire.)

MARIETTE

Vous me faites pus peur, le père, vous me faites pus peur!

(Elle lui tourne le dos sur une pirouette et se sauve en courant.)

(Couper sur Roger arrêtant sa voiture au bord de la route. Il descend et revient à pied vers le rang des Soixante.)

(Couper sur Mariette poussant triomphalement la porte de la maison de l'Indien et ouvrant grand ses bras.)

MARIETTE

Me v'là!...

(Pierre s'est levé, visage ébloui. Bref moment de joie et de triomphe avant de se jeter dans les bras l'un de l'autre.)

(Couper sur Roger se faufilant dans les arbustes, avançant vers la maison de l'Indien.)

(Couper sur Mariette et l'Indien se tenant les mains et se regardant; lui, gravement, elle, encore dans un grand état de surexcitation.)

L'INDIEN

Tu y as parlé?

MARIETTE

Pas rien qu'à Roger! À popa aussi! Je leur ai dit! Je leur ai dit que je voulais pu être achalée, que c'tait de mes affaires!

(Il la regarde, émerveillée.)

MARIETTE

I' ont compris, laisse faire! Même que popa voulait mettre la police après nous autres!

(Pierre s'inquiète.)

MARIETTE, *riant*

I' l'fera pas! I' l'fera pas! I' aurait ben trop peur de ce que l'monde dirait!

(Pierre l'entraîne près de la table. Ils s'assoient sur les deux chaises rapprochées, l'un devant l'autre, genoux contre genoux, mains dans les mains, visages très rapprochés.)

124

L'INDIEN

Pis toi?... T'en as pus peur du monde?

MARIETTE

Ce soir... Ce soir, j'ai peur de rien!

(Couper sur Roger regardant à travers la fenêtre et s'écartant aussitôt, blanc de rage.)

(Couper sur Mariette et Pierre.)

L'INDIEN

Roger, lui?

(Elle laisse tomber sa tête sur l'épaule de Pierre.)

MARIETTE, *gênée*

J'y ai pas dit pour toi...

L'INDIEN

Faut qu'il sache!

MARIETTE

J'veux pas!

L'INDIEN

D'abord c'est moi qui vas y parler.

MARIETTE, *criant presque*

I' va te mettre dehors!

(Il sort soudain des dollars de sa poche.)

L'INDIEN

Regarde... Ma première paye...

(Il le dit presque avec fierté.)

L'INDIEN

La première depuis des mois!

MARIETTE

Tu vois ben!... *(Pressante.)* Tandis que si i' l'sait pas... On pourrait faire attention?... Je viendrais rien que quand i' fait noir... Y a moyen que le monde le sache même pas!

L'INDIEN

Ils savent déjà, pis ça fait rien qu'une semaine!

MARIETTE

Mais je me cachais pas, tandis qu'à c't'heure...

(Il secoue la tête et remet l'argent dans sa poche.)

L'INDIEN

C'est pas de même que j'veux vivre.

MARIETTE, *dans un cri*

On a-tu le choix? *(Effort pour se ressaisir.)* Attends, attends!... Parlons-z-en pus d'abord. Pas tout de suite, en tout cas! Aie, on va-tu gâcher la première soirée qu'on passe ensemble?

(Il la regarde. Amour. De nouveau dans les bras l'un de l'autre.)

(Couper sur Roger entrant dans le garage, où le garagiste et Paquet écoutent les nouvelles, comme s'il s'agissait d'une joute de hockey. Les trois hommes se saluent des yeux et écoutent.)

COMMENTATEUR

... et que malgré un déploiement policier et militaire absolument sans précédent, le ou les repaires des deux cellules du Front de Libération demeurent encore inconnus...

(«Ils sont forts!» Semble dire le visage de Paquet.)
(«Laisse faire!» Semble répondre le garagiste.)

COMMENTATEUR, *qui a continué*

... par ailleurs, on nous apprend de source autorisée que le nombre des personnes arrêtées depuis la mise en vigueur de la loi des mesures de guerre se chiffre à trois cent douze...

(«Tu vois!» semble dire le garagiste. «Woh!» paraît signifier l'expression de Paquet.)
(«Et c'est pas fini!» a l'air de répondre le garagiste.)
(Il lui fait signe d'écouter.)

COMMENTATEUR

Les perquisitions et les arrestations se poursuivent jour et nuit...

ROGER, *nerveux*

l' regardent pas aux bonnes places!

(Les deux hommes se tournent vers lui sans cesser d'écouter. Roger se détourne.)

COMMENTATEUR

Jusqu'ici, cependant, à moins que la police ne donne pas tous les renseignements qu'elle a en main, on n'aurait réussi à trouver qu'une quantité négligeable de bâtons de dynamite et quelques fusils...

ROGER, *entre ses dents*

Qu'ils viennent ici si i' en veulent des fusils!

(Le garagiste met vivement une main sur le récepteur du téléphone, tandis que de l'autre, il ferme la radio.)

PAQUET, *intrigué*

Qu'est-ce tu racontes, donc, toi?

(Mais Roger qui a vu le geste du garagiste, est déjà prêt à se rétracter.)

ROGER

Laisse faire!

(Le garagiste signale déjà un numéro.)

LE GARAGISTE

Laisse faire en effet! C'est à la police qu'i' contera ça.

(Roger a un mouvement de recul.)

LE GARAGISTE, *le prévenant*

Aie, aie, toi là, fais pas le fou, on rit pas!... Sûreté provinciale? ... Attendez donc, y a quelqu'un qui veut vous parler...

(Il tend le récepteur à Roger qui secoue la tête pour protester. Paquet vient à son secours.)

PAQUET, *au garagiste*

Savez ben qu'i' disait ça de même, lui...

(Mais le garagiste place de force le récepteur dans la main de Roger, pris à son propre jeu. On entend dans le récepteur une voix d'homme qui répète: Allô?... Allô?... Allô!... Roger porte le récepteur à son oreille.)

(C'est ici que le drame collectif et en quelque sorte impersonnel, rejoint le drame particulier, individuel.)

(Couper sur un très beau déploiement des forces policières comme il y en a eu tellement au cours de la crise d'Octobre. Du moins, si on en a les moyens! Quatre ou cinq voitures de police, une vingtaine d'agents casqués et armés jusqu'aux dents arrivant devant la maison de l'Indien dont les fenêtres sont éclairées. La vieille auto de Pierre est devant la porte.)

OFFICIER

Fouillez l'auto, fouillez tous les bâtiments!

(La maison est fermée. L'officier s'élance vers l'entrée, suivi de quatre ou cinq hommes prêts à défoncer la porte qui cède dès la première pression, car elle n'était même pas fermée à clé. La scène peut commencer ici, faute de mieux, sur les policiers entrant dans la maison. Ils sont nerveux, tendus, car ils peuvent, chaque fois penser qu'ils tomberaient sur le repaire des ravisseurs. L'officier voit les fusils et commande d'un geste qu'on s'en empare. Deux des hommes se mettent à ouvrir les armoires et les tiroirs et à sortir tout ce qu'ils trouvent.)

OFFICIER, *d'une voix forte*

Sortez de vot' cachette, les gars! On l'sait que vous êtes là!

(Un temps. Silence. Leurs yeux font le tour de la salle sur laquelle ne donne aucune porte. Pierre paraît soudain, descendant l'escalier, torse nu, pieds nus. Impossible d'être plus désarmé. Moment d'hésitation.)

OFFICIER, *furieux*

Arrêtez-le! Qu'est-ce que vous attendez?

(Deux hommes se précipitent aussitôt sur Pierre, qui n'offre aucune résistance.)

PIERRE
Lâchez-moi! Vous voyez ben que j'me sauve pas!

(On l'amène devant l'officier.)

OFFICIER
J'me charge de lui. Vite, en haut, vous autres!

(Il a pris Pierre par le bras et lui braque son revolver dans le dos. Les hommes se précipitent vers l'escalier.)

OFFICIER
Toi, reste ben tranquille, autrement t'es un homme mort.

L'INDIEN, *révolté*
C'toujours ben pas un crime d'aimer une fille!

MARIETTE, *criant, off caméra*
Pierre! Pierre!

L'INDIEN, *criant à l'officier*
Qu'est-ce qu'i' font? Qu'ils la laissent tranquille!

(Mariette paraît dans l'escalier, précédée et suivie par les deux hommes. Elle est à demi nue et cherche à cacher son corps tant bien que mal, effrayée et profondément humiliée. Pierre a un mouvement vers elle, mais l'officier le retient.)

L'OFFICIER, *déçu*
C'est tout ce que vous avez trouvé?

MARIETTE, *pleurant*

Ils m'ont même pas laissée m'habiller!

L'INDIEN, *indigné*

Vous avez pas le droit de...

OFFICIER, *l'interrompant*

Toi, ferme-la! Tu l'sais pas encore qu'y a une loi d'urgence?

L'INDIEN, *protestant*

Pas pour nous autres!... Ça nous regarde pas!

OFFICIER, *interrompant*

Des droits, t'en as pus avec les mesures de guerre, mon gars. Envoie, envoie, parle! Où c'qu'i' sont tes complices?

L'INDIEN, *horrifié*

Mes?... Vous pensez toujours ben pas que...

(Il s'arrête, suffoqué. L'officier a un geste vers l'endroit où étaient les fusils.)

L'OFFICIER

Pis ces fusils-là, c'tait pour tirer sur des bouteilles, j'suppose? *(Aux agents qui ont fouillé.)* Avez-vous trouvé des balles?

UN AGENT, *haussant les épaules*

Trois, quatre...

L'OFFICIER, *déçu*

Emmenez-les!

L'INDIEN

Mais vous vous trompez! Laissez-moi vous expliquer...

OFFICIER

Ferme-la!

(Un agent cherche à entraîner Mariette qui proteste.)

MARIETTE, *pleurant*

Faut toujours ben que j'm'habille!

(Pierre, au comble de l'humiliation, se tourne vers l'officier.)

L'INDIEN

Il doit ben nous rester c'droit-là, j'peux pas croire?...

OFFICIER

O.K., O.K., mais faites ça vite! Vous autres, sur-veillez-les. Perdez-les pas de vue une minute. Je vas aller voir ce qu'i ont trouvé dans les bâtiments.

(Il sort. Mariette qui a monté les premières marches, suivie d'un agent, se retourne vers Pierre. Visage d'enfant en larmes d'où s'est évanouie toute trace de défi, mais d'où percent l'étonnement et le reproche.)

MARIETTE

Pis, toi, tu les laisses m'emmener de même!...

(Pierre, désespéré, fait un pas vers elle tandis qu'un agent saute aussitôt sur lui.)

L'INDIEN, *dans un cri*
Qu'est-ce que tu veux que je fasse?

(Couper sur Paquet qui entraîne Roger dans un fossé sur le bord de la route.)

PAQUET
Va ben falloir qu'i' passent par icitte!

(Ils se taisent. Visage angoissé de Roger. Paquet, amical, lui tend une cigarette.)

(Couper sur la maison de l'Indien. Les agents sortent, encadrant l'Indien et Mariette, menottés.)

L'OFFICIER, *à deux agents*
Vous autres, restez icitte au cas où y aurait de leurs complices qui reviendraient.

UN AGENT, *à bout de forces*
Chef, ça fait vingt-six heures que j'ai pas dormi! J'garantis pas que la surveillance...

OFFICIER, *rageur*
Pis moi? Est-ce que je dors, moi? Pis les terroristes, eux autres, penses-tu qu'i' dorment? Ça fait que t'es mieux de garder les yeux ouverts, mon gars, parce que si toi tu les manques, eux autres, i' te manqueront pas! O.K. Correct?... *(À voix forte.)* En route!

(Couper sur Roger et Paquet dans le fossé. Son d'une auto qui passe devant eux.)

PAQUET

Je l'ai vu! J'ai vu l'Indien en arrière. *(Forçant Roger à se baisser.)* Attention! Y en a une autre!

(Son de la deuxième automobile qui passe.)

ROGER, *hurlant*

Mariette!

(Paquet lui met la main sur la bouche et le retient.)

PAQUET

Es-tu fou! As-tu envie de te faire emmener toi si?

(Les deux autos disparaissent au loin. Roger se met à courir après elles comme un fou, jusqu'à devenir un point au loin sur la route.)

(L'image se brouille et se reforme sur le même paysage et le point qui cette fois s'avance d'un pas normal vers la caméra, on ne le reconnaîtra qu'après quelques secondes. C'est l'Indien qui revient chez lui après dix jours de prison.)

(Couper sur Roger, assis devant la table, dans la maison de l'Indien. Il feuillette un journal, tout

*en écoutant les nouvelles parvenant d'un petit
appareil transistor placé à côté de lui.)*

COMMENTATEUR
...alors que ce matin encore, une vingtaine de
détenus étaient relâchés par la police après une période
de cinq à douze jours d'emprisonnement, sans qu'aucune explication ne leur ait été fournie; pas plus au
moment de leur arrestation qu'au moment de leur
libération...

*(Couper sur l'Indien atteignant le rang des Soixante
et regardant la maison de Mariette. Gros plan de
Mariette en superposition.)*

MARIETTE
Tu les laisses m'emmener de même?

*(L'Indien détourne la tête et regarde du côté de
sa maison, dont on aperçoit les fenêtres éclairées.
Espoir. Sur ses lèvres, mais d'une façon inaudible,
se forme le nom de Mariette. Il se met à courir.)*

(Couper sur Roger, à la même place, même jeu.)

COMMENTATEUR
...des soldats chargés de protéger les édifices

publics. D'autre part, on apprenait au début de l'après-midi, que depuis onze jours, c'est à dire depuis...

(La porte s'ouvre. Roger sursaute et se lève, renversant l'appareil transistor.)

ROGER

Ah! Te v'là!...

COMMENTATEUR

...la macabre découverte de l'assassinat du ministre de l'Immigration et du Travail, les forces policières...

(La porte se ferme. Roger ramasse nerveusement l'appareil et coupe le son.)

ROGER

Je t'attends depuis des heures...

(Couper sur l'Indien dont le regard fait le tour de la pièce.)

L'INDIEN

Mariette?...

ROGER

Est libre, elle aussi. Depuis cinq jours...

(Soupir soulagé de Pierre qui tourne aussitôt les talons en direction de la porte. Roger fait un pas vers lui.)

ROGER, *vivement*

Vas-y pas, ça sert à rien!

(Pierre se tourne vers lui.)

ROGER

Est pas là!... Son père l'a envoyée chez une de ses tantes. *(Avec rancoeur.)* Celle qui reste le plus loin!... En Saskatchewan, maudit!

(Devant le regard désespéré de Pierre, passe une fois de plus l'image de Mariette.)

MARIETTE

Tu les laisses m'emmener de même?...

(L'image s'efface tandis que Pierre se laisse choir sur une chaise.)

L'INDIEN, *d'une voix sourde*

L'écoeurant!... C'tait pas assez d'nous faire j'ter en prison comme des criminels...

ROGER, *avec effort*

J'suis venu pour te dire...

(L'Indien se relève, tourné vers lui. Violence de plus en plus mal contenue.)

L'INDIEN, *se tournant vers lui*

Douze jours qu'i' m'ont tenu là!... Pour rien!... Il sait-tu lui, c'que c'est une prison?... Il sait-tu comment c'est qu'i' traitent le monde en prison?

ROGER, *se détournant*

Popa appelait tous les jours pour essayer de t'faire sortir. Y avait jamais moyen de rien savoir.

L'INDIEN, *n'écoutant pas*

Rien que parce que j'suis un Indien!

ROGER

Excepté à matin pour apprendre que tu venais d'être libéré.

L'INDIEN, *même jeu*

Rien que pour ça qu'i' m'a fait arrêter!

ROGER, *avec effort*

C'est pas lui.

L'INDIEN

Parce que j'suis un Indien!

ROGER

C'est pas lui...

L'INDIEN, *de plus en plus violent*

C'est lui! Tu l'as pas su? I' l'avait dit à Mariette qu'i' mettrait la police après elle, si a' cessait pas de me voir, i' avait dit que...

ROGER, *l'interrompant, exaspéré*

C'est pas lui, c'est moi!

(L'Indien le regarde avec stupéfaction.)

ROGER, *violemment*

Oui, c'est moi. Pis c'est pas parce que t'es un Indien!

(Les poings serrés, l'Indien fait un pas vers lui. Roger recule.)

ROGER

Tu m'volais Mariette, ostie! Fallait ben que je fasse quéque chose! Je l'aimais depuis des années, c'te fille-là! On était fiancés... On devait se marier...

(L'Indien continue à avancer et Roger à reculer. Ils contournent ainsi la table.)

ROGER

I' a suffi qu't'arrives dans la place, pour qu'a' veuille pus d'moi! J'pouvais-tu endurer ça? Mets-toi à ma place, maudit, l'aurais-tu accepté? L'aurais-tu enduré?

(L'Indien continue à avancer sur lui. Roger lui tourne brusquement le dos et court vers la porte où il s'arrête pour de nouveau faire face à l'Indien, brusquement.)

ROGER

O.K.!... O.K.!... Si tu veux te battre, avance!... Mais j'me défendrai pas... Tu vas te battre tout seul!

(L'Indien, interdit, s'arrête. Roger reprend son souffle.)

ROGER

J'me défendrai pas! D'abord ça sert à rien, je le sais, que t'es plus fort que moi!... Mais c'est pas tout... C'est parce que... O.K., vas-y! Casse-moi la gueule si tu veux... T'es dans ton droit! Pourquoi c'est que tu penses que j'sus icitte, si c'est pas parce que j'le reconnais? J'étais-tu obligé de v'nir? J'tais-tu oblligé de te dire que c'était moi qui t'avais fait arrêter? Tu le savais même pas...

(Un temps, pendant lequel ils se regardent en silence. Pierre fait un pas vers lui, mais s'arrête de nouveau.)

ROGER

Envoie, envoie, casse-moi la gueule, j'aimerais autant ça, on sera quittes après! Quittes à recommencer si jamais t'essaies encore de m'enlever Mariette... Parce que si j'ai été un écoeurant une fois, j'suis capable de l'être deux fois! T'es aussi ben de le savoir tout de suite!

(L'Indien lui tourne le dos et revient vers la table.)

L'INDIEN

Mariette, penses-y pus.

(Roger revient vers lui.)

ROGER

M'as y penser plus que jamais, si ça te fait rien! Est à moi, c'fille-là! Le sais-tu où c'est qu'elle est Mariette, toi? La connais-tu son adresse? Moi je l'ai, moi j'peux y écrire... C'est même déjà fait! Pis j'en ferai pas de cachette dans ton dos, comme toi tu m'as fait...

(L'Indien a un vif mouvement de protestation.)

L'INDIEN

Je voulais pas...

(Mais il renonce à se défendre, car il faudrait accuser Mariette.)

ROGER, *poursuivant*

J'vas jouer franc jeu, moi, m'as te l'dire c'que j'y ai écrit à Mariette. J'y ai écrit: Reviens, pis on efface tout! Écris-moi que tu r'viens, pis j'fais publier les bans, pis on s'marie aussitôt qu't'arriveras...

(L'Indien secoue la tête.)

L'INDIEN
C'est moi qu'elle aime.

ROGER, *humilié*
Ouais, ouais, ouais! C'est p't-être toi qu'elle aime, mais c'est moi qu'a' va marier. *(Sur un ton où il y a du défi.)* Pis moi, j'pas fier tu vois, m'as l'accepter de même.

(L'Indien secoue de nouveau la tête.)

ROGER
Toi, tu penses que ça se fera pas, hein? *(Désarmé.)* Hé! que t'es pas d'la place, pauvre gars! Que t'es donc pas comme nous autres!

(Pierre, brusquement angoissé, se tourne vers lui.)

ROGER
M'as te gager que t'as même pas pensé au scandale que ça avait fait dans le village, c't'affaire-là?

(L'Indien le regarde interrogateur. Roger ne peut s'empêcher de rire.)

ROGER
Toi, t'es pas possible! Quatre, cinq autos de police qu'arrivent en pleine nuit pour arrêter un Indien que quasiment personne connaît, mais qui avait des fusils plein la maison, pis la belle Mariette dans ses draps...? Tu pensais-tu que ça allait passer inaperçu?

(Pierre, accablé, a un geste pour repousser le tableau et le faire taire, mais Roger continue.)

ROGER

Ben tu vas l'apprendre, si tu restes, que l'monde était monté, pis qu'i' en ont bavé un coup! Y en a encore qui s'parle pus depuis c'temps-là! Y en avait même qui voulait v'nir démolir la maison. I' s'sont contentés de ton auto, parce que popa est arrivé à temps, mais autrement, i' cassaient tout!... T'as pas remarqué qu'était pus à la porte, ton auto?

(L'Indien, atterré, ne répond pas.)

ROGER

Ça fait que Mariette, sa réputation, est pas mal salie comme est là! Pis y a rien qu'une chose qui peut la laver, c'est qu'a' se marie au plus vite avec un gars qui est bien vu de tout le monde dans la place. Ce gars-là, c'est-tu toi?

L'INDIEN, *lentement*

Non... Ça peut être rien que l'écoeurant qui nous a fait arrêter!

(Roger a un sursaut de protestation mais il encaisse rapidement le coup.)

ROGER, *durement*

Ouais!... C'est de même! C'est de même qu'on est! C'est de même que ça se passe!

L'INDIEN, *révolté*

Pis moi, qui c'est qui va me laver?

ROGER

C'est moi, si tu veux. J'ai rien qu'à te reprendre à la meunerie! Personne osera pus rien dire.

(L'Indien se sent soudain submergé par une émotion qui lui lève le coeur.)

L'INDIEN

Ça pourrait se passer de même?... Tu pourrais, toi, après nous avoir traînés dans la boue, faire ton Monsieur Net en nous lavant ben comme i' faut... Pis on vivrait tout' ben tranquilles après?... Avec Mariette dans ton lit la nuit, pis moi qui me tuerais le jour à travailler pour toi? Ça pourrait se faire? Pis tout le monde trouverait ça ben correct?

ROGER, *durement*

Ouais! Pis si t'avais passé ta vie icitte, tu le comprendrais, tu l'accepterais!...

(L'Indien secoue lentement la tête.)

L'INDIEN

J'aime mieux rester sale!

(Nouveau coup dur à encaisser. Roger, humilié, met un temps avant de répondre.)

ROGER

Toi, peut-être... J'te l'ai dit, t'es pas comme nous autres, mais Mariette, elle...

L'INDIEN

Laisse faire Mariette, j'm'en charge! M'as l'amener loin d'icitte Mariette, quitte à retourner vivre à la réserve avec elle!...

ROGER, *s'emportant*

Jamais!

(La porte s'ouvre et David paraît. Roger s'arrête aussitôt. David regarde les deux hommes dressés l'un contre l'autre. Un temps. Il referme la porte. Roger fait un pas vers lui.)

ROGER

J'y ai dit!... J'y ai dit que c'tait moi...

DAVID

C'était le moins que tu pouvais faire.

(Il sourit à l'Indien qui le regarde avec émotion, mais n'ose plus croire à son amitié.)

DAVID

Bonjour, mon gars. J'suis ben content qu'tu sois revenu...

(Il lui donne une sorte d'accolade.)

DAVID

J'te ramène ton auto. En parfait ordre, j'peux te le garantir!

(Demi-sourire de Pierre. Mi-triste, mi-reconnaissant.)

DAVID

Pis les gars vont payer jusqu'à la dernière cent, tu peux être sûr! Parce que c'est moi qui vas faire la collecte! Moi pis Roger, hein, Roger?

ROGER, *éclatant*

I' veut emmener Mariette sur la Côte-Nord!

(L'Indien se tourne vers David, inquiet de savoir s'il pense comme son fils. David les regarde à tour de rôle et finit par hocher la tête.)

DAVID, *doucement à Pierre*

Penses-tu que c'est une bonne idée? L'as-tu ben regardée Mariette? Je veux dire comme i' faut? Tu l'as pas vu comment c'est qu'elle est habillée, coiffée... poudrée... T'as pas compté le nombre de fois qu'elle change d'accoutrement dans une semaine? Pis qu'elle a toujours quéques bebelles dans le cou, sur les oreilles..., sur les bras...? L'as-tu remarqué?

ROGER, *violemment*

C'est pas plus une fille pour les bois!...

PIERRE

Elle aime ça!

DAVID

Eh oui! Ma femme aussi aimait ben ça venir dans l'bois avec moi, quand elle était jeune.

ROGER

A' rien qu'une idée, c'est d'sortir des rangs, Mariette! Penses-tu que c'est pour aller vivre dans une réserve?

L'INDIEN

Tais-toi! Tu sais pas d'quoi tu parles!

DAVID, *tranquillement*

Quand il parle de Mariette, oui, il l'sait de quoi il parle.

(Il se détourne pour ne pas regarder Roger.)

DAVID

Il l'sait ben que si Mariette l'a choisi plutôt qu'un autre, c'est parce qu'y a pas de gars mieux placés que lui dans le village pour la faire vivre à son goût, ben à l'aise, dans le gros confort...

L'INDIEN, *désespéré*

Si 'était de même, a' m'aurait pas regardé!

DAVID

T'avais une autre sorte de `richesse... Mais à la longue, ça aurait-tu été assez pour elle?...

L'INDIEN, *exaspéré*

Vous l'savez pas! Vous l'savez pas plus que moi!

ROGER, *vivement*

Elle, par exemple, elle, a' doit ben l'savoir à l'heure qu'il est, que c'est pas un gars comme toi qui peut la protéger dans la vie!

(Nouvelle image de Mariette en superposition, pasant devant le regard de l'Indien.)

MARIETTE

Tu les laisses m'emmener de même?...

DAVID

Bonyenne! Tu le vois donc pas que Mariette, sa vocation c'est de devenir une belle grosse Madame ben satisfaite, assise sur sa galerie à regarder passer l'monde?

ROGER, *sursaut de protestation*

Moman est ben d'même, qu'est-ce que vous avez à dire contre ça?

L'INDIEN

Je vous crois pas! Je vous écoute pus ni l'un ni l'autre! M'as l'attendre icitte, Mariette, moi! Toi, tu y as écrit, moi, m'as y parler quand a' reviendra. C'est elle qui va choisir c'qu'a' veut être. C'est pas toi, ni moi, c'est elle!

DAVID

C'est déjà fait, mon pauvre gars. Y a un télégramme qui est arrivé pour Roger...

ROGER

De Saskatchewan?

DAVID

Ils l'ont dicté au téléphone, ta mère l'a pris en note...

ROGER

Vite donc! Vite donc!

(David lui tend un papier que Roger déplie fébrilement. David s'approche de l'Indien qui s'éloigne de lui.)

ROGER, *lisant*

«Prépare mariage avec papa et maman...» Wow! «Reviendrai la veille de la cérémonie...» *(Triomphant.)* Rien que la veille!... Autrement dit, a' veut même pas te voir!

(Un temps. Pierre, anéanti, s'est détourné. David aussi, par discrétion.)

L'INDIEN

Vous y avez tout' fait peur, vous l'avez eue par

la peur... Moi je l'sais qu'a' avait d'autre chose que ça, c'fille-là!

ROGER

T'as dit que ça s'rait elle qui déciderait, r'viens pas là-dessus!

L'INDIEN

Inquiète-toi pas, je s'rai pas icitte pour voir vot' mariage!

ROGER

De même... De même, t'essayeras pus de me l'enlever?

(L'Indien hausse les épaules. Roger fait un pas vers lui.)

DAVID, *brusquemment*

Ça va faire, Roger!

ROGER, *s'éloignant gauchement*

O.K... O.K... *(À son père.)* Si i' veut... Si i' veut revenir à la meunerie...

(David et l'Indien se taisent. Roger a un geste d'impuissance et sort. Un temps de silence. David, aussi bouleversé que Pierre, essaie de parler, mais il est obligé de s'y prendre à deux fois.)

DAVID, *humilié*

Je voudrais... j'sais pas... Te demander pardon pour toute c'te cochonnerie-là!...

L'INDIEN, *gêné*

Faites donc pas ça...

DAVID

Pour Mariette, pour Roger, pour tout le village... Pour la police... Pour la prison!... Pour tout c'qu'on est, maudit!

L'INDIEN

C'est pas d'vot' faute...

DAVID

J'l'sais pas! J'sais pas si j'suis pas tout aussi responsable que les autres! Je l'sais pus... Faudrait qu'on change!... Qu'on change par en dedans! De la tête aux pieds, pis d'un travers à l'autre! Faudrait... Maudit! Faudrait qu'on cesse de se prendre pour du bon monde!

L'INDIEN, *spontanément*

Vous êtes pas comme eux autres! V'nez-vous-en dans les bois avec moi...

DAVID

Tente-moi donc pas! Tu l'sais ben que dans mon cas, ça serait une fuite! C'est icitte que ça se passe pour moi. Pas ailleurs qu'icitte, pis, pas plus tard qu'asteure!

(L'Indien secoue la tête.)

L'INDIEN

Pas pour moi... Non, pus pour moi... Pour moi, c'est fini de vivre comme un Blanc!

DAVID

T'as donc raison! Hé que t'as donc raison! Si tu restais, tu finirais par être aussi pollué qu'on l'est tout'!

(Il se rapproche de Pierre et met un bras autour de ses épaules.)

DAVID, *bouleversé*

Oui, va-t'en, mon gars, va-t'en!... Faites-vous un monde à vous autres, au milieu de not' saleté, organisez-vous, défendez vos intérêts, mais bon Dieu, cherchez pas à nous imiter! Surtout, faites pas comme nous autres, parce que le monde des Blancs, comme i' est là, le monde des Blancs, i' est pas mal foqué! Pas mal foqué!...

(Couper sur l'image d'un train du Canadien National ramenant Mariette, que l'on voit à travers une fenêtre d'où elle regarde le paysage. Visage triste et fermé. Couper sur l'Indien dans sa très vieille petite auto sur une route solitaire, reprenant en sens inverse le chemin parcouru au début du film. Voir le train et l'auto se croiser. Si c'est possible, faire une image avec les deux têtes, en gros plan de profil, se superposant puis s'immobilisant un bref moment, avant de disparaître de chaque côté de l'écran comme si l'auto et le train se remettait en marche, de façon à ne laisser sur l'écran que les deux lignes parallèles de la voie ferrée et de la route, dans un décor aussi dénudé que possible.)

FIN

TABLE

Collection THÉÂTRE LEMÉAC